Recorrido

Gastronómico

con Yeikel

Yeikel Santos Pérez

Publicado por **Ibukku**
www.ibukku.com
Diseño y maquetación: Diana Patricia González J.
Diseño de portada: Ángel Flores Guerra B.
Copyright © 2024 Yeikel Santos
Edición y creación: Yarelis Rico Hernández
Redactora: Miriam Ancízar Alpízar
Fotógrafos:
Colombia: Carlos Salinas
Colombia: Joel Bello Torres
Santo Domingo: Enmanuel Abreu
México: Luciano Regato Gómez
México: Edgar Olguín
Puerto Rico: Víctor M Velázquez
Cuba: Adanys J. Fleite Alonso
Estados Unidos: José Mago
Estados Unidos: José Couceiro

Colaboración especial:
Colombia: Chef Cristian Gómez
Colombia: Chef Juan Camilo Figueroa
Santo Domingo: Chef Arturo Féliz Camilo
México: Chef Rodrigo Gualoz
México: Chef Jorge Fernández Prendes
Cuba: Chef Eddy Fernández Monte
Puerto Rico: Chef Erick Ujaque

Agradecimientos especiales:
Yoleidys Santos
Carlos Alberto Vento de Armas
Dunia Báez
Sureidy Rodríguez
Belkis Carolina August
Toño Machorro, del Colegio Culinario de Morelia
Café Epoca- Hotel Casa del Arzobispado
Hotel Ananda
Café Trinidad
El sombrero Vueltinao Cevicheria
Restaurante Raíces
Restaurante Candé
Namaste Beach Club & Hotel
Alejandro

ISBN Paperback: 978-1-68574-770-1

Contenido

Dedicatoria

A todas esas personas que a lo largo de mi carrera me han apoyado y han confiado en mí, especialmente a mi familia, que es el motor impulsor para cada día esforzarme y salir adelante. Gracias infinitas también a mi equipo de trabajo; sin ustedes esto no hubiese sido posible.

Muy agradecido con todos los que aportaron su granito de arena en esta publicación. Infinitas gracias, de manera especial, a mis seguidores por el apoyo siempre.

Los quiere

Prólogo

Hay solo un elemento en La Tierra que es capaz de unir a toda la humanidad. Desde que el hombre vivía en las cavernas, la comida ha sido más que el combustible necesario para su supervivencia. Existen registros de tribus muy antiguas que celebraban con grandes banquetes, las victorias en las batallas, la bonanza de la caza, e incluso, celebraciones religiosas. Nuestra identidad como seres humanos está estrictamente relacionada con la comida.

En el mundo existen cerca de 7000 idiomas diferentes. Pero podemos citar el caso específico de la gastronomía peruana: sólo ese país tiene más de 400 platos típicos, producto de la mezcla de culturas aborígenes, europeas, asiáticas y africanas. Esa es la magia. La comida tiene el poder de romper las barreras impuestas por idiomas, costumbres y creencias. Probar o hacer una receta nueva, es una forma de rendir tributo a esta unión.

La comida me ha permitido visitar lugares maravillosos, conocer sabores increíbles y a gente absolutamente extraordinaria. Para mí es un honor estar rodeado de personas que dedican su vida a la investigación, innovación y también a la difusión de la gastronomía tradicional, como Yeikel. Desde que lo conocí, vi en él a un soñador dispuesto a darlo todo. Tengo muy vivo el recuerdo de aquel show de televisión, donde llegué de sorpresa a regalarle una filipina firmada. Yeikel se ha tomado en serio el mensaje que le día aquel día: "para alcanzar tus sueños, debes correr más rápido que ellos". Estoy orgulloso de ver que así lo ha hecho, y que esto ha provocado que sucedan cosas importantes para él, una carrera en televisión y ahora, este nuevo libro.

La comida es vida, tradición, amor, unión y amistad.

Chef James Tahhan

Cartagena, Colombia

Prólogo

Estoy muy feliz y complacida de ser parte de este libro de mi amigo Yeikel. Gracias por la oportunidad, pero en especial, por querer resaltar los sabores y colores de mi hermoso país, Colombia. Es un libro que se detiene no solo en la cocina típica de mi patria, también recrea su cultura, su historia, sus costumbres. Recorre también lo más característico de su tradición culinaria, aquello que, con su sabor y aroma, despierta en cada colombiano recuerdos o evocaciones de familiares, amigos, de celebraciones o encuentros.

Yeikel ha querido tejer una obra fina de muchos sabores y aromas... Y espero que ustedes, los lectores, se lleven por medio de este libro una hermosa experiencia de aprendizaje. Está hecho, y así me consta, con mucho amor y empeño.

Dejo entonces la hermosa sensación de una mesa bien servida, repleta de platos colombianos, los cuales nos aprestamos a degustar, con el placer de tener en nuestras manos las recetas para también elaborarlos en casa.

Gracias y que sigan los éxitos y el maravilloso talento de Yeikel.

Namaste

Yudy Arias

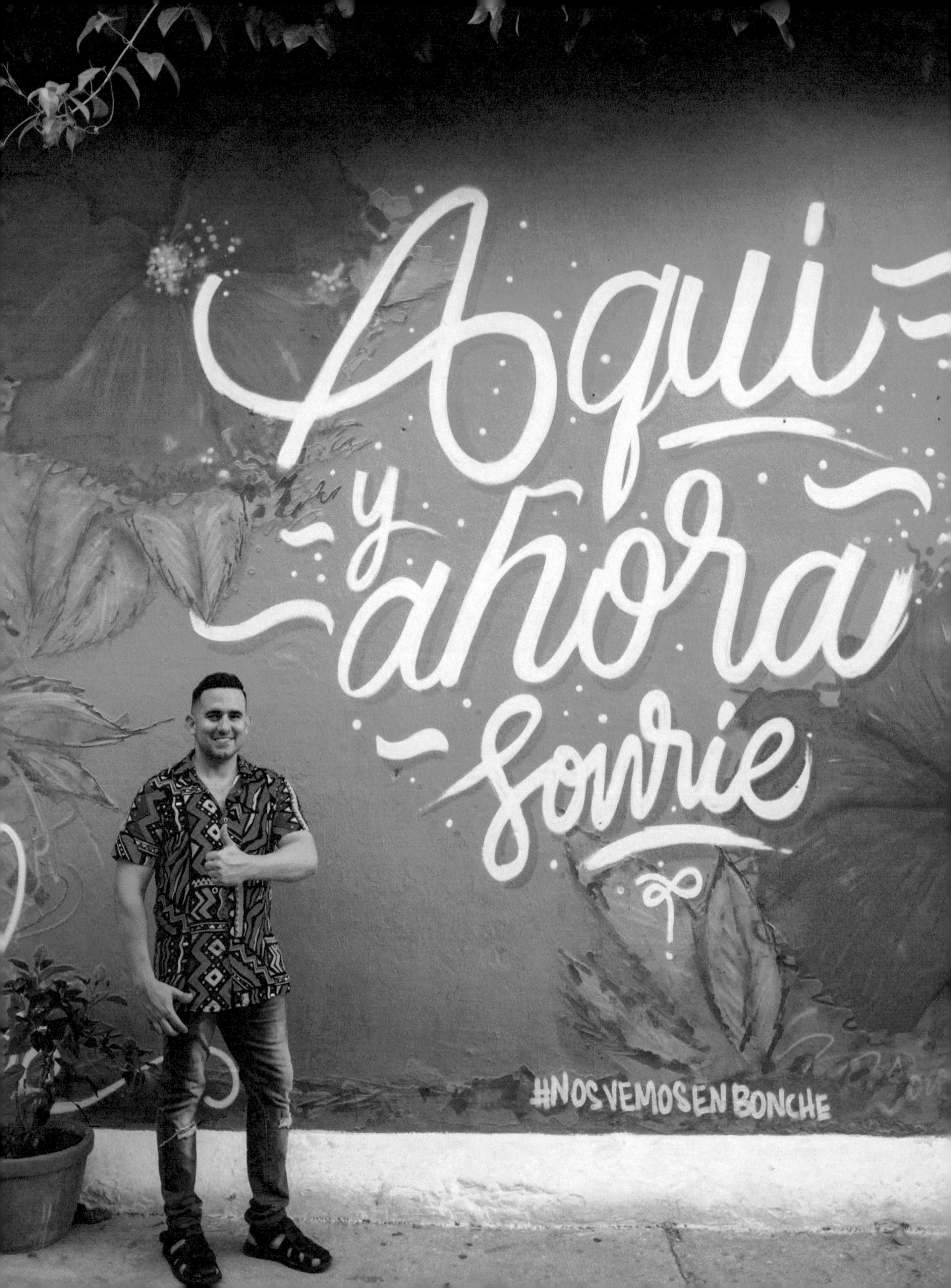
Aquí
y
ahora
sonríe
#NOSVEMOSENBONCHE

"¡Ay, Cartagena!"

La gastronomía colombiana se puede definir como una fusión de otras culturas, principalmente la española y la africana. Los platos típicos más representativos de cada región le imponen un toque mágico de sabor y sazón inigualables. En Cartagena, el sabor y el color africano se mezclan con la herencia española y lo nativo de la zona para hacer de su gastronomía una delicia culinaria.

Conocida desde la época colonial como Cartagena de Indias, esta es una ciudad y puerto importante en la costa norte de Colombia, en la Región Caribe. Fundada en 1533, su ubicación estratégica entre los ríos Magdalena y Sinú le dio fácil acceso al interior de la Nueva Granada y la convirtió en un puerto principal para el comercio entre España y su imperio de ultramar, estableciendo su importancia a principios de la década de 1540. Durante la época colonial fue un puerto clave para la exportación de plata peruana a España y la importación de africanos esclavizados bajo el sistema de asientos. Era defendible contra los ataques piratas.

Ubicada a orillas del Mar Caribe, sus calles coloridas llenas de encanto hacen que sea la puerta de entrada a Suramérica. Es la capital de la región de Bolívar. Reconocida como La Heroica, contempla a su alrededor varios archipiélagos e islas que son paraísos para un verdadero descanso.

A sus encantos suma los atractivos de una intensa vida nocturna, festivales culturales, playas tibias y paisajes exuberantes. El tiempo en Cartagena de Indias es muy agradable, pues su clima tropical permite gozar a plenitud de sus playas y otros parajes. La temperatura durante todo el año es de 27°C en promedio. Un clima ideal para conocer la ciudad amurallada, y en especial, sus restaurantes, pues un valor importante de la infraestructura hotelera y turística de Cartagena es su excelente oferta gastronómica.

Entre los secretos históricos que guardan sus murallas, sus balcones y sus angostos caminos de piedra, y enmarcada por una hermosa bahía, Cartagena es uno de los destinos más visitados de Colombia.

¿Qué hacer en Cartagena de Indias?

La Torre del Reloj es uno de los puntos turísticos más conocidos de la ciudad. Un hotel pequeño frente a este emblemático sitio permite estar muy cerca del bullicio de la ciudad. Por eso lo escogí para pasar mis días en Cartagena. Agotado por el viaje y ya tarde, cuando llegué no dudé en comer algo en el hotel y conocer un poco de los alrededores. Enseguida vinieron a mi mente las calles de La Habana Vieja, en mi Cuba hermosa, y su gente alegre.

En cada esquina observé personas vendiendo artesanías, entre ellas las bellas mujeres llamadas palanqueras. No caminé mucho porque ya se me había hecho tarde y la ciudad tenía orden de cerrar todos los negocios a las doce de la noche porque estaba en cuarentena por la pandemia de la Covid.

Al día siguiente los sonidos de la Torre del Reloj me despertaron. Ordené mi desayuno. El sabor de las frutas me resultó muy agradable por su dulzor natural. Me coloqué mi mochila al hombro y pregunté al personal del hotel por donde comenzar mi recorrido. Ya lo había investigado, pero es importante la valoración de la gente del sitio.

El recorrido por su centro histórico permite conocer el patrimonio arquitectónico y cultural de la ciudad. Rodeado por largos kilómetros de antiguas murallas, este paisaje fue declarado Patrimonio Histórico de la Humanidad por la UNESCO en 1984. Además de palpar cientos de años de historia bajo el misterio de sus calles empedradas, en la ciudad sorprenden las edificaciones del Castillo de San Felipe de Barajas, que data del siglo XVII, las iglesias antiguas y monumentos como el dedicado a la india Catalina, o el que evoca a los Zapatos Viejos o a los Pegasos. Otros de los espacios a considerar pueden ser el Museo Naval o el centro comercial La Serrezuela.

Una agradable temperatura, el ritmo de la música local y los colores de una auténtica artesanía que engalana los comercios de Cartagena, amenizan la caminata callejera del visitante. La admiración aumenta cuando nos topamos con los grafitis del barrio Getsemaní.

La pausa necesaria para almorzar nos obliga a decidir entre un número apreciable de restaurantes, todos con excelentes recomendaciones, que ofrecen una amplia variedad de platos de comida criolla e internacional. Además de la oferta gastronómica, la mayoría de estos espacios enamoran al recién llegado por lo atractivo de sus ambientes, que van desde casas coloniales, en el pulmón del centro histórico, hasta inmuebles más modernos, pero igual de agradables y atractivos.

En Cartagena se suelen comer arepas de huevos, yuca, buñuelos de fríjol o de maíz, empanadas, sancocho, patacón, arroz de coco, yuca con suero, butifarra... Estos y otros alimentos pueden hallarlos en pequeños restaurantes de comida rápida que están por todas partes. Los mariscos y los pescados son excelentes; es común encontrar pargo, bocachico, sierra, piernas de cangrejos, camarones y calamares.

En el centro histórico, precisamente en el Portal de los Dulces, el visitante encontrará golosinas típicas hechas con coco, piña, papaya, pomelo y algunas también con leche.

Los zumos de frutas, en gran variedad, es común hallarlos en las zonas turísticas, pero no en otros sitios, pues los colombianos prefieren las bebidas gaseosas y la cerveza. La más popular es la llamada Águila, seguida por la Club Colombia. Los residentes no suelen tomar vino, y entre las bebidas alcohólicas optan por el aguardiente, que se asemeja al pernod, y el ron oscuro.

Palanqueras, símbolo de la mujer cartaginesa

Vestidas con coloridos trajes y luciendo una gran sonrisa, las palanqueras embellecen el Centro Histórico de Cartagena de Indias, convirtiéndose en parte del paisaje. La razón de su nombre se debe a sus orígenes, pues estas mujeres que con gran amabilidad venden frutas tropicales y deliciosos dulces típicos, son oriundas del primer pueblo libre de esclavos en América, denominado San Basilio de Palenque, corregimiento de Mahates-Bolívar. Descendientes de africanos esclavos que consiguieron escaparse y asentarse en lugares de difícil acceso, hoy estas mujeres atraviesan nuevamente las murallas y recorren calles y monumentos de la ciudad, una presencia que es visible y cotidiana desde que el sol comienza a iluminar con fuerza hasta que parece perderse en el Caribe.

En su caminar, las palanqueras ofrecen una variedad de exquisitos frutos, entre ellos patilla, mango, piña y papaya. Los turistas disfrutan conversar con ellas y comprarles porciones de ensaladas de fruta. Podemos encontrarlas en la playa, el Castillo de San Felipe, la Torre del Reloj y en parques y plazas del centro histórico, como la de Bolívar y la de San Pedro Claver; también en las afueras de la iglesia Santo Toribio, siempre transitando las calles o sentadas en las esquinas con sus largas faldas.

¿Qué ver en Cartagena de Indias?

En lo que antiguamente era la única puerta de la ciudad, hoy encontramos la Torre del Reloj, ya mencionada. Este es uno de los símbolos de Cartagena. Al visitante le tocará atravesarla para iniciar su recorrido por el corazón del centro histórico.

Tras la torre se abre la Plaza de los Coches, donde destaca, en su centro, la estatua de Pedro de Heredia rodeada por impresionantes palacios de época colonial. Si nuestra predilección son los postres, no podemos dejar de pasar por el Portal de los Dulces, una calle porticada en un lateral de la plaza con tiendas especializadas en dulces típicos de la zona.

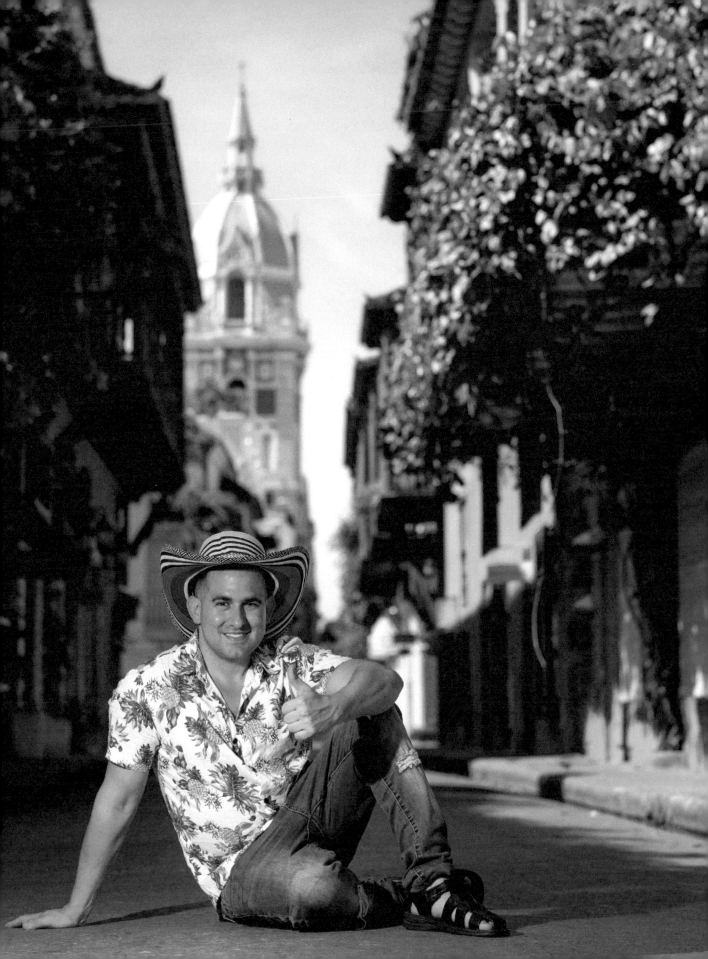

Al continuar el recorrido hacia el Sur, llegamos a otra plaza, la de la Aduana, una de las más grandes y lindas de la ciudad. El nombre hace referencia a la Casa de la Aduana, que ocupaba el enorme edificio donde hoy está el ayuntamiento. Te dará la bienvenida la estatua de Cristóbal Colón, junto a una mujer de origen indígena.

Uno de los rincones favoritos de Cartagena es la ya mencionada Plaza de San Pedro Claver. Tanto la Plaza como la iglesia contigua están dedicadas a este misionero catalán que puso todos sus esfuerzos en proteger y ayudar a los esclavos negros que pasaban por el puerto. Por su labor altruista fue beatificado en 1850. En la Plaza se erige una estatua a él y en el altar mayor de la Iglesia descansan sus restos.

Un edificio imponente acoge el Museo Naval del Caribe, el cual muestra la historia de la ciudad y de la navegación. Asimismo, el Museo Histórico de Cartagena está ubicado en el inmueble que fue sede de la inquisición. Otra joya es el Museo del Oro, donde se atesoran valiosos objetos de la época precolombina. Frente a este último, se encuentra la Plaza de Bolívar, lugar en el que antiguamente se ejecutaban a los sentenciados por la inquisición, pero hoy, en franca oposición a tan injusto pasaje, se levanta una estatua ecuestre de Simón Bolívar, libertador de América.

Otro de los símbolos es, sin dudas, la Catedral de Santa Catalina de Alejandría, que comenzó a construirse en el año 1577 y es cons iderada una de las más antiguas de toda América. Desde aquí puedes seguir, al norte, por la bonita calle de Don Sancho, con sus casas coloniales de fachadas de colores e impresionantes balcones. Una de ellas es la Casa de Sir Francis Drake, donde al parecer vivió este pirata (temible sobre todo para los españoles). Esta calle termina en el centenario Teatro Adolfo Mejía (o Teatro Heredia). Si su fachada exterior nos deleita con su belleza, su interior nos sobrecoge por los elementos arquitectónicos y decorativos: palcos con mármol de Carrara, una escalera construida en Italia y transportada en barco, adornos cubiertos de oro de 22 quilates y un sorprendente mural en el techo.

Un poco más al norte se encuentra el edificio de Las Bóvedas, al parecer la última construcción militar de época colonial en la ciudad. La estructura de 47 arcos y 24 bóvedas tenía el objetivo de resistir los ataques exteriores y servir de refugio. En la actualidad acoge un mercado con productos típicos, el sitio perfecto donde adquirir algún recuerdo para llevar a casa o a los amigos.

Cartagena fue el puerto español más importante del nuevo mundo y, por tanto, el lugar más atacado por enemigos y piratas. Por tal motivo, se dedicaron enormes esfuerzos a construir un sistema de defensa que pudiera repeler todos estos asaltos. Hablamos de las murallas y baluartes que hasta hoy pueden apreciarse en muy buen estado dentro del casco histórico, y constituyen unas de las atracciones principales de la ciudad.

Los baluartes que no debemos perdernos son el de San Francisco Javier, el de San Ignacio y el de Santo Domingo. Desde este último disfrutamos de una hermosa vista del amanecer, mucho más si lo hacemos sentados en la terraza del Café del Mar.

Pero el verdadero bastión para defender la ciudad de los enemigos fue el Castillo de San Felipe de Barajas. Se encuentra sobre una colina a las afueras de la ciudad amurallada y representa la mayor construcción levantada por los españoles en los siglos que duró su ocupación de las colonias. Las vistas desde allí son hermosas.

La Plaza de Santo Domingo es uno de los puntos a visitar a cualquier hora del día, gracias sobre todo a su bullicio. Aquí está plantada la Gorda Gertrudis, una de las esculturas del afamado artista colombiano Fernando Botero. Según la tradición, si tocas sus partes más desgastadas (no cuesta reconocerlas) volverás a la ciudad o te dará buena suerte.

Cerca de allí se podrá admirar una de las casas coloniales más cuidadas de Cartagena: la de Don Andrés de Madarriaga, Conde de Pestagua, propiedad de este importante mandatario. Hoy se ha convertido en un hotel de lujo y SPA con once excelentes suites. Otra de las mansiones más importantes del periodo colonial es la Casa del Marqués de Valdehoyos, ahora de propiedad pública y destinada a alojar a los huéspedes ilustres que visitan la localidad.

Para llegar a nuestra zona favorita, el barrio de Gestsemaní, debemos cruzar el Muelle de los Pegasos y el Camellón de los Mártires, un paseo donde se levantan las estatuas de los héroes que lucharon y entregaron sus vidas por alcanzar la independencia. El barrio lo conforma una pequeña maraña de calles, con edificios más modestos que los que se encuentran en el casco histórico, pero con un carácter y un ambiente muy particular.

Una explosión de color y creatividad lo constituye, sin dudas, el Street Art o Arte Callejero, que hace del espacio público una gran galería a cielo abierto. La Plaza de la Santísima Trinidad, siempre animada, es el corazón del barrio, en especial cuando cae la noche y se llena de puestecitos de comida callejera y de artistas.

Al sur del casco histórico se ha desarrollado la zona más moderna y dinámica de Cartagena: Bocagrande. Un buen plan es ir al cine del centro comercial Plaza Bocagrande y a la vuelta pasear por el malecón, si es de noche mejor. Al tiempo que disfrutamos de unas vistas preciosas, bajamos todas las empanadillas, bandejas paisas, arepas y delicias colombianas que hemos comido durante el día. Desde el Cerro de la Popa, además de contentarnos con una panorámica de la ciudad, podemos visitar el bonito Convento de la Popa. Según tenemos entendido, la única forma de llegar es en taxi, aunque confieso que el tiempo no me alcanzó para ir.

En esta zona te topas con el Mercado de Bazurto, el sitio de la verdadera Cartagena. Hay puestos de todo tipo, de ropa, de frutas, verduras, carnes... El bullicio, los olores y el caos, son los signos distintivos de este espacio. ¿Ganas de fiesta? Pues sube a la Chiva Rumbera, bus turístico donde confluyen, junto a la excelente guía, música, bebida y fritura típica.

La gastronomía colombiana es riquísima. En Cartagena puedes hacer un *tour foodie*, que te enseñará mucho sobre el tema e incluye degustaciones.

Si tienes la posibilidad, acércate a saludar el monumento de la India Catalina, la que fue intérprete y mujer de confianza de Pedro de Heredia. Es un homenaje a los primeros pobladores de esta zona y, por tanto, a sus antepasados.

Pasa, además, un día en la bulliciosa Playa Blanca, en la Isla Barú. Si te interesa palpar el Caribe, incluye una visita a San Andrés o Providencia, es una opción interesante y un motivo extra para ir a Isla Barú, uno de los pocos lugares del mundo donde verás el fascinante fenómeno de la bioluminiscencia.

Yo no perdí la oportunidad de visitar la Isla Bora Bora. Es un club de playa ubicado en Islas del Rosario a solo 45 minutos en bote de la ciudad de Cartagena de Indias. Es un lugar encantador rodeado de un mar cristalino, arena blanca y hermosos arrecifes de coral donde puedes vivir una experiencia inolvidable, con un excelente servicio y calidad humana.

También recomiendo las Islas del Rosario, un archipiélago de más de cuarenta islitas, cada una más bonita que la anterior, o bien ir un poquito más allá y llegar hasta la Isla de Cholón. Merece la pena que planifiquemos un tour de un día para conocer el archipiélago de San Bernardo, y su isla Múcura, un auténtico paraíso. Plantéate alojarte en la Casa en el Agua, un eco-hostal situado en un minúsculo islote rodeado de aguas cristalinas.

¿No te cansas de playas? Aquí va otra: Bendita Beach, una de las más bonitas cerca de Cartagena, y aventúrate con una excursión completa por el Parque Nacional Tayrona. Una excursión original es al volcán del Totumo,

donde podrás darte un baño rejuvenecedor en el lodo, y visitar la Laguna Rosa.

Y como muchos son los restaurantes en Cartagena que te ofrecen sabores diferentes y muy deliciosos, acá te dejo solo algunas propuestas.

Crepes and waffles

Si prefieres no complicarte demasiado, pero quieres acertar, hay una cadena de restaurantes con una carta variada, desde sopas a ensaladas y otros platos más o menos saludables. ¡Claro, los crepes y los waffles no faltan! El precio a pagar es justo si tenemos en cuenta la calidad de la oferta. Les recomiendo, sobre todo, ir a la hora del desayuno o el brunch. Yo me hice adicto a la crepe, que es llamada cocada, y va acompañada de arequipe flambe, coco tostado y helado de coco.

Alma restaurante

La atmósfera de Alma inspira romanticismo. En este sitio encontrarás platos de autor como el ceviche de pescado marinado con limón, leche de coco, espuma de coco y servido con chips de plátano. Prueba también la cazuela de mariscos a la cartagenera con langosta, almejas, pescado, calamar, pulpo, camarón y mejillones bañados en leche de coco, crema de langosta y servido con arroz de coco titoté. Completa tu experiencia gastronómica con el snooky de coco, uno de los postres predilectos del menú, o si lo prefieres, acompaña tu comida con una refrescante shot del multipremiado trago de ron La Hechicera.

Juan del Mar

Está bastante cerca de casa del reconocido premio Nobel de Literatura Gabriel García Márquez. Realmente disfrutarás de un buen arroz de coco, pescado marroquí y arroz negro. La mayoría de las personas recomiendan probar el caramelo de crema perfectamente cocinado, el helado y el pastel de coco.

Restaurante Bar 1533

En el centro de Cartagena, este local, con su agradable personal, sirve platos tradicionales y ofrece muy buen servicio.

Espíritu Santo

Sin dudas, uno de los mejores sitios para comer recetas tradicionales en Cartagena. La carta es extensa (hay tantos platos de carne como de pescado), la comida casera, las raciones abundantes y el ambiente bueno. Y lo mejor es que hay menú del día que incluye 3 o 4 propuestas que cambian cada jornada. Les recomiendo el pescado frito (mojarra) y el rabo de ternera guisado, este último es para chuparse los dedos.

Y llegó el momento de compartirles algunas de las recetas que pude recopilar para que ustedes se deleiten en sus hogares. Espero les haya gustado este recorrido gastronómico cultural por Cartagena y que pronto de animen a visitarla.

Recetas con sabor a Cartagena, Colombia

Jugo de tomate de árbol

Ingredientes

5 tomates de árbol maduros
1 litro de agua o leche
Azúcar o miel al gusto
Cubitos de hielo (opcional)

Preparación

Pelar los tomates de árbol (se usa una olla de agua hirviendo para ablandar la cáscara o directamente se pela con el cuchillo) y cortarlos en 4 partes. Licuar los tomates picados junto con el agua o leche. Adicionar azúcar o miel al gusto. Colar el jugo para separar la semilla. Volver a licuar para lograr una mejor contextura. Guardar en el refrigerar o agregarle hielo al servir.

Jugo de lulo

Ingredientes

4 lulos
3 vasos de agua o leche
3 cucharadas de azúcar o miel
Una ramita de hierbabuena (opcional)
Hielo al gusto

Preparación

Primero parta los lulos por la mitad, y con ayuda de una cuchara extraiga la pulpa, con mucho cuidado de no llevarse cáscara con ella. Una vez extraída la pulpa, llévela a la licuadora, junto con la leche o el agua, el azúcar o la miel, la ramita de hierbabuena y el hielo. Licuar durante un minuto y seguidamente pasar el jugo por el colador para eliminar las pepitas que quedan. Sirva y disfrute.

Lulo: *Fruta tropical cítrica.*

Jugo de maracuyá

Ingredientes

1 ½ libras de maracuyá
Agua
Azúcar al gusto
Hielo

Preparación

Lo primero que hacemos es cortar los maracuyás por la mitad y con la ayuda de una cuchara extraemos su pulpa en una licuadora. Luego agregamos un poco de agua junto con algunas cucharadas de azúcar al gusto y licuamos con cuidado para no deshacer completamente las semillas. Pasamos el jugo por un colador y si todavía lo notamos muy espeso, lo licuamos con más agua. Por último, agregamos hielo a un vaso y vertimos el refresco en él.

Jugo de corozo

Ingredientes

2 lb corozo
1 ½ litros agua
Azúcar
Hielo

Preparación

Lavar bien el corozo. Llevar el agua a punto de ebullición. Añadir el corozo, dejar cocinar de 45 a 60 minutos con la olla tapada. Es importante que durante su cocción se maceren con un palote para extraerle más los jugos, una vez listo se coloca por unos breves segundos en la licuadora. Colamos y se sirve frío con hielo y azúcar al gusto. Se puede licuar una gran cantidad de hielo y hacer granizado de corozo.

Corozo: *Fruto rojo y dulce. Es símbolo del Caribe y más específicamente del Atlántico. Crece en ramilletes, en una palma de tallo delgado y forma matorrales espesos. Es característico de zonas bajas y secas, usualmente por debajo de los cien metros de altura sobre el nivel del mar, con más frecuencia en playas marinas.*

Coco frío

Ingredientes

Coco joven o fresco

Preparación

Los cocos tienen 3 hendiduras pequeñas en uno de sus extremos. A estas hendiduras se les conoce como ojos, y una de ellas siempre se encuentra más húmeda y débil, y es la predilecta para hacer una abertura que servirá para extraer el agua interior del coco.

Para abrir el agujero en el ojo del coco más endeble puedes, utilizar la punta de un cuchillo (ten mucho cuidado) o destornillador e insertarlo hasta hacer una abertura con un ancho de aproximadamente ½ pulgada. Ahora basta con colocar el coco boca abajo en una vasija con hielo frappé y si lo deseas añadir azúcar al gusto. ¡DISFRÚTALO!

Arroz de coco titoté

Ingredientes

1 coco
1 panela
1 kl de arroz
200 gr de grasa (aceite o manteca)
300 gr de azúcar
4 tazas de agua
Sal a gusto

Preparación

Primeramente, retire la cáscara del coco. Parta el coco en trozos pequeñitos, licúelo con dos tazas de agua tibia. Cuélelo y exprímalo con la mano hasta que quede casi seco y el agua blanca. Ponga esta leche en un caldero y déjelo hervir hasta que el agua se evapore y quede solo el aceite y unos granitos negros que se llaman titoté, además agregamos la panela y esperamos que caramelice y tome un color oscuro. Al coco rallado agréguele otras 4 tazas de agua, vuélvalo a exprimir y ponga esa agua donde está el aceite y el titoté, agregándole el arroz y déjelo secar de la manera tradicional echándole el azúcar y la sal y cocine a fuego lento.

Este arroz se come tradicionalmente con pescado frito, tostones y ensalada, un clásico almuerzo costeño. Claro está que también va muy bien con pollo o carne asada y también con vegetales al horno.

Panela: *Es un edulcorante más natural que el azúcar blanco, pues no ha sido refinada y aún conserva sus nutrientes. Es, por tanto, una buena alternativa a la hora de endulzar bebidas o de elaborar recetas de repostería.*

Patacón con queso costeño

Ingredientes

2 plátanos verdes
150 gr queso costeño
Aceite de girasol (cantidad necesaria para freír)
Sal al gusto

Preparación

A la hora de preparar el patacón, lo primero es pelar los plátanos verdes y cortarlos en rodajas de medio centímetro de grosor, aproximadamente. Mientras hacemos lo anterior, iremos calentando en una sartén el aceite necesario para cubrir ligeramente todos los cortes de plátano y freírlos hasta que estén dorados. En este punto, los sacaremos de la sartén, los dejaremos escurrir, y cando se puedan manipular, los aplastaremos con la ayuda de dos tablas de madera uno a uno. Una vez estén fritos todos los patacones, escurriremos la mayor parte del aceite de la sartén y con una fina capa de aceite doraremos por ambos lados los patacones. Mientras, iremos picando el queso. Cuando las rodajas de plátano estén bien doradas, y aún calientes, las salaremos al gusto, les pondremos por encima rodajas del queso y dejaremos que se funda ligeramente. Podemos terminar la presentación del patacón, poniendo en la base del plato una hoja de bijao y encima los patacones, intercalando con el queso. Como decoración hojas de cilantro fresco y acompañado de suero costeño.

La hoja de bijao es una planta de tamaño medio, con un aspecto algo parecido a la del plátano. Es la envoltura natural de una de las golosinas más apetecidas de los colombianos, el bocadillo veleño. Típica para platos cartageneros.

Suero costeño: *Producto lácteo fermentado, que se elabora tradicionalmente en la costa Caribe colombiana, especialmente en la mayoría de los municipios de los departamentos de Bolívar, Sucre, Córdoba y Cesar. La característica principal es su alto contenido de sal y porosidad.*

Cóctel de camarón

Ingredientes

5 dientes de ajo
4 cucharadas de cilantro
1 cucharada agua de ajo
6 cucharadas de mayonesa
150 gramos de camarón cocido
2 unidades de limón Tahití
6 cucharadas de salsa de tomate
4 cucharadas de cebolla roja
6 cucharadas de salsa de ají basco
Sal al gusto
Galleticas de soda para acompañar

Preparación

En una olla a fuego medio, verter agua y agregar los camarones previamente lavados. Luego, incorporar el vino blanco junto con dos dientes de ajo. Cocinar por 20 minutos o hasta que los camarones tomen un color rosado pálido. En una taza agregar agua con hielo y de inmediato poner los camarones previamente cocidos (esto es para que corte la cocción y queden crocantes, "choque térmico"). En un recipiente agregar la cebolla cabezona roja finamente picada, el jugo de limón, la salsa de tomate, la mayonesa, el ají, dos cucharadas de agua de ajo, sal al gusto y mezclar todos los ingredientes. Incorporar a la mezcla los camarones. Probar y rectificar sabores. Recomendación: Agregar cilantro al gusto. Acompañarlo con los chips de plátano verde o las galletas de soda.

Cazuela de mariscos

Ingredientes

1 ½ libra mariscos mixtos (calamares, pulpo, cangrejo, ostras, etc)
½ libra pescado blanco cortado en pedazos medianos
½ libra camarones sin caparazón y limpios
5 tazas caldo de pescado o marisco
1 cebolla cabezona mediana finamente picada
2 dientes de ajo finamente picados
½ pimentón rojo finamente picado
½ pimentón verde finamente picado
1 tallo de apio finamente picado
1 cda de pasta de tomate
½ taza de vino blanco
2 cdas de harina de trigo
2 cdas de crema de leche (crema de mesa)
2 cdas de aceite
2 cdas de mantequilla
1/8 cdta de orégano o al gusto
½ cdta de sal
½ cdta de pimienta
Perejil picado para decorar (opcional)

Preparación

Si usan mariscos mixtos precocidos, pueden obtener el caldo de la cocción de las cabezas de pescado o de los camarones. También pueden usar el que venden en el supermercado. Si tiene pulpo o calamares frescos, ponerlos en la olla a presión con agua. Reservar 5 tazas de caldo para más adelante. Escurrir, dejar enfriar y cortar los calamares en anillos y el pulpo en pedazos medianos. Los camarones deben estar muy limpios y sin caparazón y el pescado cortado en pedazos medianos. Poner el aceite y la mantequilla en una olla a fuego medio alto. Freír la cebolla hasta que esté transparente, agregar el ajo. Dejar un poco al fuego, pero que no se vaya a quemar.

Adicionar el orégano, el pimentón y el apio, dejar hasta que estén blandos. Incorporar la sal y la pimienta, el pescado y los mariscos (los camarones no, los ponemos más adelante). Deje conservar todo por 5 minutos a fuego medio. Agregar 5 tazas de caldo de pescado o mariscos y la pasta de tomate. Revolver bien y dejar hervir a fuego medio por 15 minutos. Disolver la harina de trigo en un poco del caldo de la cocción, que no queden grumos. Incorporar a la preparación y mezclar bien. Adicionar los camarones y cocinar 10 minutos más. Verificar sabor y añadir sal y pimienta si necesita. Incorpore el vino blanco y la crema de leche.

Mezclar, dejar que hierva por unos minutos. Servir bien caliente con perejil picado, cascos de limón, arroz, patacones o picante, opcional.

Posta negra cartagenera

Ingredientes

1kg de carne de res (Punta de Anca, Muchacho, Paletero)
200 gr de panela rallada
4 tomates
1000 ml de Coca cola
200 gr salsa negra
5 cc de aceite vegetal
200 gr de vino tinto
50 gr azúcar blanca
5 clavos de olor
5 pimientas de olor en pepa.
5 gr de sal
2 gr pimienta molida
Laurel, tomillo, canela
2 cebollas rojas y 2 cebollas largas (Mire Poix)
Agua 500 gr

Preparación

Picar la mitad de las cebollas en cortes irregulares y la otra mitad será para el licuado. Los tomates también en cortes irregulares. Hacer un licuado con el ajo, ají dulce, mostaza, cilantro, cebollas, zanahoria (este será nuestro adobo). Sazonar la pieza de carne con sal y pimienta, luego frotar muy bien la carne con el licuado anterior. Poner los clavos de olor en varios puntos distantes de la carne. Poner la carne en un bol grande, cubrirlo con papel film. Llevar al refrigerador hasta el día siguiente. Retirar el adobo de la carne y reservarlo. Retirar de la carne los clavos de olor. Poner a fuego alto una olla grande y profunda con el aceite y dorar muy bien la carne por todos lados (debe quedar bien oscura). Agregar agua suficiente para cubrir la carne.

Una vez comience a hervir bajar el fuego a medio. Cocer durante una hora y media, adicionando agua de vez en cuando para reponer la que se ha evaporado. Retirar de la olla casi toda el agua (dejar aproximadamente 2 tazas), adicionar a la olla el adobo que se había reservado antes, luego agregar el vino, azúcar, coca cola, salsa negra, canela, tomillo, laurel y la panela. Cocer durante 20 minutos, bañando de vez en cuando la carne con la salsa.

Retirar del fuego. Cortar la carne en tajadas y servir acompañada de la salsa. Si se quiere una salsa un poco más espesa se puede dejar al fuego un poco más, luego de retirar la carne.

Si no dispone de tiempo suficiente para adobar la carne desde el día anterior, la puede adobar el mismo día de la preparación con una anticipación de al menos 1 hora.

Ingredientes para el licuado:

4 dientes de ajo
6 ají dulce
150 gr mostaza
2 cebollas largas
2 cebollas rojas
50 gr cilantro
1 zanahoria

Preparación

Licuar todos los ingredientes para luego adobar la carne.

Bandeja típica cartagenera

Ingredientes

1 mojarra
Aceite
Sal
Zumo de limón
3 dientes de ajo majados
Achiote
2 taza de agua
1 ramita de cilantro o romero para decorar el arroz

Para acompañar:

4 patacones grandes
Arroz con coco titoté
Ensalada de aguacate, cebolla y tomate aderezado con jugo de limón, aceite y sal

Preparación

Abre la mojarra, limpia y colócala en una salmuera típica cartagenera tradicional en la que se utiliza jugo de limón, ajo majado, sal, agua y achiote. Si lo deseas puedes licuarlo todo. Luego que tengas la salmuera lista, deja la mojarra en ella por 5 a 10 minutos.

En una olla o sartén con abundante aceite, sofríe la mojarra por ambos lados por unos 12 minutos o hasta que esté bien dorada. Pon en papel absorbente y sirve inmediatamente. Si desea pasar la mojarra por harina de trigo o de pan rallado antes de sofreírla, lo puede hacer.

Arepa e' huevo

Ingredientes

2 tazas de harina de maíz amarillo
1 taza agua caliente
Una cucharadita de sal
Media cucharadita de azúcar
Huevo
Carne molida (opcional)

Preparación

Poner la harina en un tazón junto con la sal y el azúcar. Añadir poco a poco el agua hasta que se forme una masa manejable muy blanda. Cuando la masa esta lista se deben formar las arepas, para eso, se hacen "bolitas" un poco más grandes que una bola de golf, y finalmente se aplastan hasta que queden unas "tortillas" de medio centímetro de grosor. Aparte, se pone a calentar en un caldero aceite vegetal suficiente para que las arepas naden en él. Si la masa quedó bien, lo que sucede es que las arepas se inflan un poco dejando un espacio dentro de ellas, donde se pondrá el huevo crudo (y la carne si así lo quiere). El huevo se introduce haciendo un orificio a la arepa por alguno de sus bordes, y luego tapándolo con un poco de masa cruda que se debe reservar para ello. Luego se pone a freír nuevamente solo para que el huevo se cocine, así como el nuevo "tapón" de masa. Se comen calientes con ají picante o suero. Es un plato típico de la costa caribe colombiana. Estrella de la ciudad de Cartagena con otra gama de fritos, la arepa de huevo tradicional es solo de huevo, pero se vende habitualmente con relleno de carne molida que también resulta muy tradicional.

Relleno de carne molida

200 gr carne molida de res
3 ajíes dulces
1 cebolla roja
2 dientes de ajo (picados finamente)
1 tallo de cilantro (picado finamente)
1 pizca de comino

Preparación

Picar los ingredientes finamente, sofreír y reservar.

Sellar la carne molida a fuego alto, para sacar los líquidos de la carne y quede un relleno seco. Es muy importante cocinar la carne a fuego alto e ir revolviendo para que no se queme, es un proceso que tienes que estar frente al fogón. Con esto buscamos que al agregar el relleno a la arepa de huevo la masa no se humedezca y se dañe.

La arepa de huevo se realiza originalmente con maíz pilado amarillo, que se cocina y se muele; del resultado de esto se genera la masa, la cual también se consigue hecha en la plaza del Mercado de Bazurto, en Cartagena de Indias. De esta manera, solo sería armar los discos y se ahorraría el paso de la elaboración de la masa.

Bollo de coco

Ingredientes

250 gr de coco
500 gr de queso
500 gr de maíz pilado blanco
50 gr de anís
150 gr de azúcar
5 gr de sal al gusto
Pitas de fique o nylon tomatero

Preparación

Se lava el maíz, después se divide, 250 gr se cocinan en olla de presión por 30 minutos y la otra parte se deja en remojo 24 horas. Se ralla el coco, el queso y se pesan los demás ingredientes. Se muele, pero no se licúa, tanto el maíz cocido como el que estaba en remojo. Es importante lavar muy bien el maíz antes de ser molido (de la molienda debe quedar una masa consistente). Cuando tengamos todos los ingredientes procesados, los mezclamos en un bowl hasta formar un amasijo. No deben quedar grumos a la hora de mezclar. Cuando tengamos la masa homogénea (que no se nos pegue a los dedos), realizamos unos cilindros con ella, los envolvemos en las tusas de maíz y embutimos la masa con las tusas. Seguidamente, las amarramos con las pitas y las ponemos a hervir por 1 hora exactamente.

Bollo de yuca

Ingredientes

1 coco
1 onza de anís
8 libras de yuca
250 gr de azúcar
Sal al gusto
Hojas o tusas de maíz seco
Pitas de fique

Preparación

Se pela la yuca, se lava y se ralla; se parte el coco, se saca y se ralla. Luego se mezclan el coco, la yuca, el azúcar, el anís y una cucharada sopera de sal. Se arman los bollos y se colocan en las hojas secas de maíz o tusas. Se amarran con pita de fique o con nylon tomatero y se colocan en una olla al fuego con tres litros de agua hirviendo. Se dejan cocinar durante 30 minutos.

Bollo de mazorca

Ingredientes

7 unidades maíz verde biche.
160 gr de azúcar
5 gr sal gusto
Pitas de fique o nylon tomatero
Tusas de maíz

Preparación

Se saca el maíz de la tusa y se desgrana con un cuchillo, luego se muele y se mezcla con los demás ingredientes. Se rellenan las tusas con la mezcla que es un poco aguada o estilo papilla y con cuidado se enrolla con las pitas. Se lleva a hervir el bollo durante 1 hora.

Importante:

El maíz no se le agrega agua ni se cocina. Esto se debe a que el maíz verde biche tiene gran cantidad de agua y no seco ni pilado entonces el maíz está bastante hidratado. No es necesario llevarlo a cocción.

República Dominicana, Santo Domingo

Prólogo

Los dominicanos somos buenos hijos, buenos hermanos, buenos ciudadanos... Los hijos buenos no olvidan a sus padres: somos hijos de tres culturas básicas, por lo que no renegamos de la herencia de los indios arahuacos. Tampoco de la española y mucho menos de la africana. Como buenos hermanos, compartimos mucho, no solo con las islas antillanas, sino con toda Centroamérica, y más aún, con todos los que tenemos el idioma español como lengua materna. El Caribe nos da vida y el Atlántico también. Somos hijos del sol y de las estrellas... ¿Cómo no vivir cantando a esta maravilla?

Hay tópicos que definen al dominicano: que el merengue, que las playas, que las Primicias de América... Yo creo que el gran milagro dominicano está en el carácter. Esta alegría inconfundible que hace que un lema como: "Santo Domingo, no problem", tal vez nos retrata como superficiales, pero quienes nos conocen saben que no somos así.

La Universidad de Santo Domingo, entonces Santo Tomás de Aquino, fue creada en 1534 en nuestro país. Es la más antigua de América. Fue tal la actividad cultural que esta Universidad generó, que se nos llamó "La Atenas del Nuevo Mundo", lugar de donde irradia el conocimiento hacia el resto del continente.

Tenemos otras instituciones educativas de alto nivel como el Instituto Tecnológico de Santo Domingo, (INTEC); la Universidad Dominicana O&M, la Universidad Nacional Pedro Henríquez Ureña, (UNPHU); la Pontificia Universidad Católica Madre y Maestra, (PUCMM); la Universidad Iberoamericana, (UNIBE), entre otras. Eso no quita que no demos abasto a la hora de educar en totalidad a una población compuesta por niños y jóvenes, por lo que no será extraño que particulares donen constantemente libros a escuelas afortunadas en tener padrinos extranjeros.

La exuberancia, la magnificencia de la naturaleza al bendecirnos y darnos todo en un mismo territorio es motivo de gratitud constante. Conceptualmente, quienes tienen una visión del mundo global, comprenden la amabilidad, hospitalidad, sencillez y pureza de nuestra gente. ¿No es un milagro en pleno siglo tecnológico? Y ciertamente, somos uno de los pueblos más avanzados en tecnología y medios de comunicación, gracias precisamente a nuestra posición geográfica.

Se ha dicho que somos una tierra de contrastes y esta diversidad nos enriquece constantemente, incluso en nuestra gastronomía, de la que nos enorgullecen sus típicos sabores caribeños, hecho que no impide la más alta sofisticación.

Comenzando con el casabe de los indios taínos, quienes cultivaban la yuca, batata, tabaco, maní, frijol, guanábanas, anón o mamón, mamey, piñas... posteriormente maíz, pimienta, ajíes... y la caña de azúcar, cultivada en nuestro suelo por primera vez y llevada luego a Cuba y México.

Como es sabido, nuestro plato nacional es el sancocho, que tiene ganada su buena fama como caldo espeso y nutritivo. Le sigue el puerco asado con sus diversas técnicas. El plato conocido como "la bandera", porque representa nuestra mesa en su cotidianidad: arroz blanco, habichuelas y carne guisada, sin que falte la fresca ensalada mixta.

Alcanzamos maestría en pastelitos, domplines, yaniqueques, empanadas de yuca o catibias, pastelones de todo tipo. Mención aparte merecen los deliciosos postres que cada día aumentan su diversidad: majarete, habichuelas con dulce (característica de la Semana Santa); dulce de coco con piña y batata, así como flanes diversos.

En fin, que yo no terminaría nunca de "morir soñando", con tostones crujientes, arroz blanco bien graneado y un buen mangú con rodajas de salami tostaditas, queso frito y huevo frito con cebolla.

Yeikel Santos, dirá conmigo que las Antillas Mayores fueron y son parte de una unidad geográfica que nos hermana de muchas formas, incluyendo la gastronómica, en la que él es un excelente exponente de cara al mundo.

Jacobo Fernández
Cónsul General de República Dominicana en Miami, EEUU
Agosto 2020- Febrero 2023

República Dominicana, Santo Domingo

Considerada como la ciudad más antigua del Nuevo Mundo, la ciudad de Santo Domingo de Guzmán es la capital de República Dominicana. Conocida también como "la puerta de entrada al Caribe", debe su nombre en honor al santo Domingo Guzmán, de quien fuera devoto el padre de Cristóbal Colón, su descubridor. Después de la Colonización y dada la pérdida de poderío de los españoles sobre la Isla, esta sirvió de refugio a piratas en los siglos XV y XVI e, incluso, llegó a ser colonia francesa.

La Zona Colonial de esta urbe es reconocida por la UNESCO como patrimonio de la humanidad. Esta parte de la capital dominicana, mantiene los edificios autóctonos y calles hermosamente marcadas por el tiempo. A cada lado de ellas se levantan varios elementos históricos de gran atractivo turístico. Un recorrido por la zona dura aproximadamente ocho horas. Hay muchas opciones para tomar en cuenta en este paseo, las más comunes son las caminatas o el viaje en el Chu chu colonial, un trencito que durante treinta minutos transita por veinticinco monumentos de interés público. Guías turísticos relatan anécdotas y muestran la historia de la localidad.

La gastronomía de este país caribeño se caracteriza por la variedad de culturas que han influido en su cocina, como la africana, la española y la criolla, ofreciendo así una amplia gama de platos y sabores con los que poder deleitar el paladar. Sus platos típicos están representados por el sancocho (estofado que combina diferentes carnes, hortalizas, plátano, ñame y yautía); la bandera (plato elaborado con arroz blanco, habichuelas rojas, carne y plátanos maduros fritos); el locrio (receta similar a la paella); el mangú (puré de plátanos verdes hervidos); ensaladas variadas; cerdo asado y todo tipo de pescados y mariscos.

Hay que destacar también la amplia variedad de frutas tropicales, como la piña, el mango, la papaya, la sandía, melón, aguacate, etc., con las que se elaboran postres, zumos y batidos. El ron y cóctel piña colada son las bebidas alcohólicas más demandadas. En Santo Domingo se puede disfrutar, además, de la cocina internacional en numerosos restaurantes de esta ciudad.

Lugares emblemáticos

Nada mejor que comenzar este rápido recorrido por la Catedral Primada de América, Catedral de Santo Domingo o Basílica Menor de Santa María, cuyo nombre oficial es Santa Iglesia Catedral Basílica Metropolitana de Nuestra Señora Santa María de la Encarnación. Considerada la más antigua de América, fue construida por mandato del Papa Julio II en el año 1504. La sede de la arquidiócesis de Santo Domingo comenzó su construcción en 1512, bajo el gobierno pastoral del primer obispo de Santo Domingo, fray García Padilla, el cual jamás puso un pie en la Isla. Los planos utilizados para organizar la construcción del edificio fueron los del arquitecto Alonso de Rodríguez.

Continuamos y llegamos al Palacio de la Real Audiencia de Santo Domingo, también conocido como Museo de las Casas Reales o Palacios Reales y uno de los monumentos culturales más importantes de las edificaciones hechas por los españoles durante la época colonial. Gana su título de Edificio de las Casas Reales, porque en él se encontraba la Real Audiencia, el primer tribunal del Nuevo Mundo. Asimismo, fue utilizado como residencia para políticos y militares de la época. Muchos personajes importantes de la talla de Bartolomé Colón, Louis Ferrand, entre otros, vivieron en este palacio. El museo es de carácter histórico debido a su arquitectura. El 18 de octubre del año 1973, durante el gobierno del presidente Dr. Joaquín Balaguer, fue instituido como museo, pero fue el 31 de mayo de 1976 que lo reconocieron oficialmente como Museo Nacional Dominicano. En su inauguración estuvo presente el Rey Juan Carlos I de España.

La Fortaleza Santo Domingo, o Fortaleza Ozama, es otro sitio imprescindible para visitar y conocer sobre su historia. Declarado por la Unesco como Patrimonio de la Humanidad, se le considera el fuerte más antiguo levantado por los europeos en América. Su diseño, que hasta hoy se mantiene fiel a la arquitectura original, está basado en la forma de un castillo hecho de piedra. En su interior se pueden ver los túneles y calabozos por los que muchos prisioneros anduvieron en algún momento.

Continuamos y nos encontramos con las ruinas de lo que en su origen fue el Monasterio de San Francisco. Su construcción estuvo a cargo de Nicolás de Ovando y se inició en el año 1508 con la llegada de los padres franciscanos. Tardó cincuenta y dos años en ser concluido. Es el primer monasterio levantado en el continente americano. En el año 1930 gran parte del edificio fue destruido por

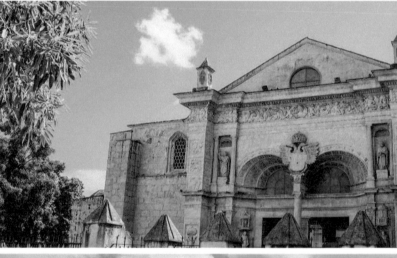

el paso del ciclón San Zenón. En 1940 sus espacios fueron usados para instalar el leprosorio y manicomio "Padre Billini". Está considerado, además, el primer acueducto de la ciudad, y a través de él se distribuyen todas las tuberías de agua que dan abasto a los habitantes de la Zona Colonial. Actualmente estas ruinas históricas son utilizadas para eventos sociales y culturales.

Lugar emblemático es el hogar de Hernán Cortés, conquistador español que, a principios del siglo XVI, lideró la expedición que dio inició a la conquista de México. Es un edificio de construcción mucho más sencilla. Está compuesto por dos niveles. Actualmente acoge la embajada de Francia, por lo que algunos espacios tuvieron que ser readaptados a las nuevas funciones. En su interior hay un gran patio rectangular rodeado de corredores con columnas de ladrillos y arcos romanos. Aún atesora la primera fundición de oro que hubo en la ciudad.

Paradas imprescindibles

El parque Mirador Sur, un sitio destinado para el esparcimiento y la recreación, es ideal para pasar un día en familia. Asimismo, en el Acuario Nacional se puede apreciar la diversidad de la fauna marina del Mar Caribe. Este acuario, considerado el más grande de la región, atesora 250 especies diferentes, que representan unos 3000 animales, entre ellos caballitos de mar, pez león, tortugas carey, estrellas de mar y peces loros. El acuario se encuentra ubicado en la Avenida España, en Souci.

Si se desea interactuar con eventos culturales, resulta obligado caminar por la Avenida George Washington (mejor conocida como El Malecón), la cual se ubica al frente del majestuoso Mar Caribe. En esta arteria se encuentran los hoteles y casinos más importantes, así como el concurrido Malecón Center.

Construido durante la dictadura de Rafael Leónidas Trujillo, en el año 1956, el Palacio de Bellas Artes es una imponente obra arquitectónica de estilo neoclásico, que se ha convertido en el recinto destinado a la enseñanza del arte. En el Museo de Arte Moderno y Contemporáneo de Santo Domingo, podemos apreciar destacadas obras artísticas, nacionales e internacionales, de la pintura, la escultura, el grabado y la fotografía.

Otro sitio a visitar es el zoológico de la ciudad, donde se presenta y preserva parte de la fauna local, y también de otras regiones. Guacamayas, loros, cacatúas, cisnes, monos, tigres, jaguares, reptiles, entre otras especies, son

cuidados con esmero en este sitio. Muy atractivo resulta el Parque Nacional Los Tres Ojos de Agua y conocer los hermosos lagos naturales conformados por el río subterráneo Brujuelas. El día puede ser más placentero si le sumamos una visita a cualquiera de las playas aledañas a la ciudad, entre las más cercanas están Boca Chica y Guayacanes, reconocidas por sus aguas cristalinas y arenas blancas.

Puedes, además, coordinar un día con una Escuela de Baile para turistas, y aprender los principales ritmos caribeños: bachata, merengue y salsa. Las escuelas más conocidas están ubicadas dentro del Palacio de Bellas Artes. El querer conocer los lugares autóctonos más concurridos por los lugareños, nos lleva hasta las Súper Bodegas o Colmados, donde se ingiere mucha cerveza Presidente, ron y mamajuana, bajo el ritmo cadencioso de la música dominicana.

Atravesar la Puerta del Conde, te permitirá contemplar los monumentos erigidos a los próceres independentistas que liberaron al país del

yugo haitiano, visualizar los antiguos cañones y entrar a la plaza de la Independencia. Otra atracción lo es, sin dudas, observar el Puerto de Santo Domingo, ubicado cerca de la desembocadura del río Ozama.

Las iglesias y conventos de la ciudad hoy comprenden parte de los monumentos históricos icónicos. Entre los más visitados por los turistas están la Catedral Primada de América y el convento de los frailes franciscanos. Otro inmueble de elevado valor histórico lo es el Palacio Nacional, el cual fue construido en 1947 y es, en la actualidad, residencia del presidente de la República. Con una superficie de 18 000 metros cuadrados, exhibe un estilo bastante particular: victoriano, neoclásico, renacentista italiano, barroco y grecorromano.

El andar por calles empedradas, como la del Conde o la de Las Damas, te devuelve, bajo los pies, parte de una gran historia. Si nos detenemos para observar el atardecer desde la Plaza de la Hispanidad, entonces el disfrute será total. La experiencia puede terminar con un recorrido por la vida nocturna de la ciudad, incluyendo sus bares y discotecas.

Escapadas inteligentes

Para la familia que llega a esta tierra con niños, visitar fábricas de chocolate e interactuar en la preparación del producto, es opción para no rechazar. En República Dominicana no puedes dejar de degustar los productos hechos de cacao, desde aceites corporales hasta el famoso chocolate que tiene un sabor exquisito e inigualable. El cacao es una de las primeras fuentes de ingreso del país, de hecho, el dos por ciento del cacao mundial es producido en esta tierra, que llega a ser la tercera exportadora a nivel mundial.

Propuesta interesante también resulta el Jardín Botánico Nacional Dr. Rafael María Moscoso, que se fundó con la finalidad de preservar y estudiar la diversidad de la flora del territorio. Entre sus áreas más conocidas están la plaza central, jardín japonés, el reloj floral, el herbolario y la dedicada a las plantas endémicas.

Llegar hasta la Bahía de las Águilas te permitirá conocer una de las playas más cristalinas y hermosas del mundo, apreciar su arrecife de coral e interactuar con la fauna del lugar. En este sitio pueden apreciarse las grandiosas tortugas carey, manatíes e iguanas. Es considerada, además, reserva de la Biosfera de la isla La Española.

Seguir la ruta del azúcar, la cual se ubicada en Barahona, es una actividad agroturística y educativa creada para dar a conocer el proceso de siembra, cultivo y procesamiento de la caña de azúcar. La Fundación Central Barahona guía esta visita.

A solo 110 km de la ciudad de Santo Domingo están La Villa y las Cuevas de Alto de Chavón, sitios donde confluyen el arte y el esparcimiento en una combinación casi perfecta de museos, galerías y talleres artesanales con tiendas y restaurantes. En La Villa también podrás disfrutar del hermoso río Chavón y de las Cuevas de las Maravillas.

Escaparse a Samaná, Cayo Levantado, Cataratas El Limón, será como revivir imágenes de películas sobre piratas, pues muchos de sus parajes han servido de escenario a diversos filmes. Hermosas playas vírgenes y paisajes naturales de belleza incomparable constituyen el principal atractivo de una zona, que ha sido identificada como un nuevo destino turístico exótico de la Isla.

Y para concluir con esta escapada inteligente debes visitar Puerto Plata, a ello suma la elevada adrenalina que recorrerá tu cuerpo con la práctica de deportes extremos al aire libre, caminatas, recorridos a caballo... y más. Aprovecha y conoce además la Cascada de Damajagua, opta por el buceo en el Parque de la Caleta o visita el Balneario La Toma, con sus ríos cristalinos, sus hermosas cascadas y sus restaurantes.

Y llegamos al pollo del arroz con pollo: la gastronomía

La gastronomía dominicana es el resultado de una mezcla de sincretismo étnico-cultural indígena, español y africano. Sus platos típicos, íconos de su cocina, han recibido aportes de varios grupos de inmigrantes como los canarios, los negros esclavos traídos por los franceses en el siglo XVII, los negros libertos de Estados Unidos del siglo XIX, los cubanos y puertorriqueños, los cocolos, los braceros haitianos, los árabes y turcos, los judíos sefardíes, chinos, japoneses y hasta los húngaros.

Así contó Bolívar Troncoso, presidente de la Fundación Sabores, durante la charla "Platos icónicos de la República Dominicana", que se llevó a cabo como parte de las actividades del Hostelería Food Fest. Durante la exposición, Troncoso compartió con los presentes curiosos datos de la cocina de tradición del país, de la que decía "está llena de reseñas folclóricas". Por ejemplo, la mayor herencia blancoide en República Dominicana proviene de los canarios, quienes introdujeron el gofio y el sancocho, mientras que desde África llegó el ñame.

El evento transcurrió con un repaso regional de platos y preparaciones típicas de alcance nacional como la bandera dominicana, el mangú, el sancocho, el locrio, el asopao, el cocido, el mofongo, el mondongo, y una variedad de dulces y bebidas en las que destacaron los jugos de frutas, las cervezas, el café y las tizanas.

Los ingredientes principales del menú criollo son el arroz, las carnes, los frijoles, los víveres y vegetales, condimentos tales como el caldo de pollo, pasta de tomate, sazón líquido, entre otros. En menor escala, los pescados y mariscos que dan forma a las numerosas y vistosas comidas que adornan la mesa dominicana.

La comida que se consume diariamente en República Dominicana es "La bandera", que consiste en arroz blanco, habichuelas guisadas y carne también guisada (del tipo que sea, pero preferiblemente carne de pollo, cerdo o res). En algunas ocasiones se acompaña con pescado y/o vegetales como tayota guisada, berenjena guisada, huevo, espaguetis, chuleta ahumada o molondrones. Este plato puede estar acompañado de ensalada verde, mixta (ensalada de remolacha, papa, zanahoria, huevo, mayonesa, maíz, cebolla y sal) o rusa, plátano verde o maduro frito y aguacate.

El plátano es el ingrediente nacional y es consumido en el país de muchas maneras, como tostones (rodajas de plátano majado y frito) y como mangú, que es un puré del plátano verde o maduro hervido, mantequilla, leche, agua fría y caliente, generalmente acompañado de embutidos, salami o huevos (o como generalmente lo llaman 'compañas'). Este se consume especialmente para la cena o en el desayuno. Existe la manera de cocerlos en almíbar; este platillo recibe el nombre de plátanos pasados por paila o al caldero (plátanos maduros, azúcar y canela).

En Semana Santa o la Pascua se consume mucho pescado, guandules ya sean guisados o en moro y las "habichuelas con dulce", un postre típico de la República Dominicana. En Navidad se celebra la Noche Buena con la tradicional cena, que consiste en moro de guandules, cerdo horneado o como le llaman, cerdo a la puya, ensaladas verde, mixta o rusa, de coditos con atún, dulces navideños, galletas danesas, arroz navideño, telera, vino, pastelón de plátano maduro, lasaña, niño envuelto o pastel en hoja, aguacate y ponche. El 31 de diciembre muchos dominicanos tienen como costumbre despedir el año con un sancocho.

La gastronomía de República Dominicana ha tenido la virtud de mantener sus raíces sin renunciar a una importante evolución, gracias a las citadas influencias, además de añadirle un toque extra de creatividad. Pero si algo no puede faltar en una mesa típica dominicana, es el sancocho, plato emblemático del país, que tiene un sin fin de versiones realizadas por los mejores cocineros de esta tierra caribeña, la cual seguiremos recorriendo a través de exquisitas recetas de cocina.

Recetas con sabor a Santo Domingo

Morisoñando

Ingredientes

1 taza jugo de naranja
½ taza de azúcar
1 tazas de hielo
1 taza de leche evaporada
1 ramita de menta

Preparación

Llevar todos los ingredientes a licuadora. Servir frío y decorar con una ramita de menta y rodaja de naranja.

Recomendación: Tener todos los ingredientes fríos antes de mezclarlos es el truco.

Habichuelas guisadas

Ingredientes

1 lb de habichuelas frescas
1 cucharada pasta de tomate
½ libra de auyama
1 cebolla roja grande
2 cucharadas de ajo (Pasta de ajo natural)
1 cucharadita de orégano
1 ají cubanela
2 ajíes gustosos (ají dulce)
Una ramita de apio
Un manojo de cilantro ancho (culantro)
Un manojo de cilantrico (cilantro)
1 cucharada de agrio de naranja o vinagre
1 hueso de chuleta, tocino o alguna carne de cerdo ahumada
I cubo de bouillon (opcional)
Sal al gusto

Preparación

Se ablandan las habichuelas en olla de presión por unos 20 minutos. Se prepara una sazón de ajo, sal, orégano y ají gustoso. Se hierve la auyama y se hace un puré con ella. Apartar. Se pone un caldero y se agregan todos los ingredientes, menos la sazón, boullon y pasta de tomate. La carne se corta en trozos grandes Las verduras todas se pueden amarrar con un cordón para facilitar la extracción. Dejar cocer hasta que todo haya desarrollado sus sabores. Unos 15-20 minutos. Probar el sabor y agregar sazón (preparado con anterioridad como explicamos arriba) y el cubo de boullon. Se rectifica la consistencia (cremosidad) y color, mientras agregamos lentamente puré de auyama y pasta de tomate. Cuando ya se tenga la consistencia y el color deseados se prueba el sazón de nuevo. Se rectifica la sazón, la sal... y se deja cinco minutos más.

Sancocho

Ingredientes

2 lb. pollo (muslos)
4 lb. res (cortes con hueso como pecho)
1 lb. chuleta
½ lb. tocino
2 lb. longaniza
2 lb. costillitas ahumadas
1 lb. auyama
2 cebollas grandes
1 ají cubanela
1 manojo de cilantrico, cilantro y apio (cilantro, culantro y apio)
1 cucharada de pasta de ajo
2 plátanos machos
2 lb. de yuca
2 lb. yautía blanca
1 lb. yautía amarilla
1 cubo bouillon *opcional
Sal al gusto.

Preparación

Se sazona la carne con pasta de ajo y sal. Se da color a la carne salteando brevemente al fuego y se aparta. Se hierve la auyama, se licua y se aparta. Se sofríen los sazones y se agrega agua abundante. Se agregan las verduras amarradas en un atado que se puede sacar luego. Se agregan las cebollas partidas por la mitad (para poder retirar fácilmente luego). Se agregan las carnes. Cuando las carnes estén a media cocción se agregan los víveres, comenzando por el plátano y acabando por la yautía (la que tiende a diluirse más). Se monitorean los víveres. Si se nota que ya están cocidos, se retiran hasta que las carnes lo estén. Cuando ya todo esté cocido, se comienza a agregar la pasta de auyama para llevar a la textura deseada y se retiran las verduras y la cebolla. Se deja hervir un par de minutos más, se ajustan los sazones y la sal.

Tostones

Ingredientes

5 plátanos
Aceite vegetal
Sal

Preparación

Se pelan los plátanos y se calienta el aceite. Una vez caliente se agregan y se dejan hasta que el exterior esté firme. Se sacan y se dejan enfriar unos 5 minutos antes de majarlos.

Se aplastan Una vez aplastados, se fríen en aceite caliente hasta que estén bien cocidos y se sacan. Se aderezan solo con sal o salsa de tomate

Para 8 personas.

Locrio de cerdo

Ingredientes

4 tazas de arroz
4 tazas de agua
1 cucharada de pasta de ajo
2 libras de carne de cerdo para guisar
1 cucharada de pasta de tomate
1 cebolla roja grande
1 ají cubanela
1 tallo de apio
Puerro, verduras, cilantrico y sal
1 sopita o cubo de caldo de pollo (opcional)
Un chorrito de vinagre
1 cucharadita de sal

Preparación

Se sazona la carne y se deja reposar media hora; luego se le da color en aceite con un poco de azúcar. Se separa. Se hace un sofrito con todos los ingredientes, se agrega la carne, el arroz y el agua. Se remueve con frecuencia hasta que el agua seque. En este momento, se agrega un chorrito de vinagre, tapamos la olla y dejamos cocer a fuego lento durante 20-30 minutos.

Para 8 personas.

Chenchén

Ingredientes

1 libra de maíz molido grueso o "casqueado"
1 coco seco
1 litro de leche entera
1 lata de leche evaporada
3 cucharadas de mantequilla
1 cucharadita de nuez moscada
Sal

Preparación

Lavamos el maíz y lo dejamos en agua un día antes de usarlo. Sacamos la masa del coco y la batimos en la licuadora con un poco de leche entera. Luego la colamos para sacar la leche del coco y apartar. También podemos sacar la segunda leche humedeciendo de nuevo la pulpa del coco y exprimiendo. Ponemos un caldero con un poco de leche y agregamos el maíz. Luego sumamos más leche y dejamos que el maíz comience a hervir dentro de ella. El maíz irá secando rápido, por lo que hay que estar muy atentos. A medida que esto sucede, iremos agregando más leche de coco sucesivamente.

Agregamos nuez moscada y mantequilla.

Seguimos agregando leche hasta que el maíz esté blando. Cuando esté blando, rectificamos la sal, dejamos secar el exceso de líquido y metemos al horno hasta que se haga una costra (o "concón de chenchén").

Asopao' de camarones

Ingredientes

1 lb. de camarones
1 cucharadita de azafrán
2 cucharadas de ajo en pasta natural
2 cebollas grandes
3 tazas caldo de pollo
3 oz. crema de leche
2 cucharadas mantequilla
La leche de un coco seco, rallado y exprimido (o 1 lata grande de leche de coco de 15 oz.)
2 tazas de arroz
Sal y pimienta al gusto

Preparación

Se sofríen los camarones brevemente hasta que tomen color. Se apartan.

Se inicia el sofrito en mantequilla con las cebollas, azafrán, ajo y vegetales. Luego se agrega el agua y se deja cocer.

Se agrega el arroz y una taza de caldo. El arroz irá secando y o agregaremos la segunda taza de caldo de pollo. También agregaremos en este momento la crema de leche y la leche de coco. Revisamos y rectificamos sal y agregamos un toque de pimienta.

Se deja cocer agregando caldo según necesitemos hasta que esté cocido y cremoso. Se puede dejar más o menos caldoso según el gusto personal. Al servir se agrega una cucharada de mantequilla y se mezcla bien.

Buche 'e perico

Ingredientes

2 mazorcas de maíz tierno
2 lb longaniza
2 tomates grandes
2 lb chuleta ahumada
2 cebollas rojas
1 cucharada de pasta de ajo
1 pimiento morrón amarillo
2 tazas de caldo de pollo o res
1 ají cubanela
2 zanahorias
1 lb. auyama
1 manojo cilantro ancho (culantro)
1 manojo cilantro (cilantro)
1 papa mediana (opcional, para agregar cremosidad)
Aceite vegetal
Sal y pimienta al gusto

Preparación

Pelar 1 mazorca de maíz y desgranarla. Es ideal que sea maíz tierno. Se ablanda el maíz en olla de presión (la mazorca entera y los granos de la otra) y se agrega la mitad de los demás ingredientes, menos la longaniza y las hierbas, es un proceso de 30 a 40 minutos. Sofreír la chuleta restante, con la longaniza y los demás ingredientes. Agregar en un caldero los ingredientes con las dos tazas de caldo. Cocer unos 15 minutos o hasta que esté cremoso.

Arroz blanco

Ingredientes

2 tazas de arroz
2 tazas de agua
2 cucharadas de aceite vegetal
Sal al gusto
1 cucharada de mantequilla (opcional)

Preparación

Se calienta el aceite y se agrega la sal. Se agrega el arroz y se deja sofreír un poco. Se agrega el agua. Cuando el agua seque, se tapa el arroz y se baja el fuego al mínimo.

En 15-20 minutos estará listo. Se puede terminar con una cucharada de mantequilla.

Pollo guisado

Ingredientes

1 pollo fresco mediano.
1 cebolla roja grande
1 ají cubanela
1 manojo de cilantrico (cilantro)
4 cucharadas de aceite vegetal
2 tazas de agua
1 cucharada de azúcar.
½ taza de jugo de limón o naranja agria
1 cucharada de orégano molido
2 cucharadas de ajo en pasta (natural)
1 cucharada rasa de sal

Preparación

Se pica y se lava el pollo con abundante agua y luego se lava con limón o naranja agria, pero sin botar el jugo. Se trocea el pollo en piezas. Se sazona el pollo con ajo, orégano y sal. Se pone aceite a calentar en una sartén o caldero. Se agrega azúcar al aceite. Cuando el azúcar se comience a quemar y a hacer espuma (pero antes que se torne negra), agregar el pollo. Ahí se deja que la carne tome un color caramelo, pero sin pasarse. Sacamos la carne y agregamos a un caldero limpio. Agregamos el aceite caramelizado y el agua. Se pone a fuego alto hasta que hierva y una vez esté hirviendo se agrega la cebolla, el cilantro, el ají cubanela, y se rectifica el sazón y la sal. Se baja el fuego y se deja cocer a fuego lento.

Para 6 personas.

Chivo guisado

Ingredientes

6 lb. chivo
2 Pimientos morrones rojos
2 tomates grandes
1 manojo de cilantrico (cilantro)
1 manojo de cilantro (culantro)
1 ají cubanela
2 cebollas rojas grandes
4 cucharadas de orégano molido
2 cucharadas de ajo en pasta natural
1 cucharada pimienta negra
1 cucharáda pimienta cayena
2 cucharadas de pasta de tomate
1 cucharadita de paprika
1 cucharadita de azafrán
1 cucharadita de salsa tabasco
1 taza de vino tinto
Aceite vegetal
1 cucharada de azúcar
Sal al gusto

Preparación

Se sazona la carne con el ajo, orégano, pimientas, azafrán y tabasco.

No botar el jugo de la sazón. Se le agrega una cucharada de aceite y se deja marinar por unas dos horas. Se ponen 3 cucharadas de aceite a calentar y se agrega el azúcar. Cuando comience a hacer caramelo se agrega la carne para dar color. Se aparta. En un caldero limpio se agrega el chivo y el aceite, el jugo de la sazón, los pimientos, tomates, orégano, pimienta cayena, paprika y azafrán. Dejar cocer por unos 15 minutos y agregar el vino. Se rectifican los sazones y la sal. Se deja cocer hasta que el chivo esté bien tierno.

Dulce de cereza criolla

Ingredientes

2 lb. cerezas criollas
1 taza de azúcar
1 astilla de canela.
1 cucharadita de vainilla
Agua

Preparación

Se lavan las cerezas.

En una olla agregue el azúcar, las cerezas y agua hasta cubrir las cerezas. Dejar hervir. A medida que se vaya secando se agrega agua para evitar que se seque. El azúcar irá creando un almíbar en la que se cocerán las cerezas. Se le agrega una astilla de canela y la vainilla. Dejar cocer hasta que las cerezas estén brillantes. Mezclar bien y apagar.

Dejan enfriar a temperatura ambiente.

México

Prólogo

La cocina mexicana es considerada elemento crucial de identidad nacional, por su historia, creatividad, diversidad y trascendencia. La fusión de las tres raíces del México actual, los pueblos originarios, españoles y afrodescendientes, dieron vida a una de las gastronomías más exquisitas por su riqueza de sabores y variedades y de las más reconocidas a nivel internacional, razón por la cual en 2010 la cocina tradicional mexicana fue añadida a la lista de Patrimonio Cultural Inmaterial de la Humanidad por la Organización de las Naciones Unidas para la Educación, la Ciencia y la Cultura (UNESCO).

El maíz, considerado base de la alimentación de los pueblos originarios de México, los mismos que veían a las milpas de maizal como un reflejo del cielo, dan vida a las reconocidas tortillas en todas sus expresiones y envuelven a los diferentes platillos mexicanos desde tacos, tostadas, enchiladas, o acompañando las diferentes salsas o adobos, mezcla, también, de la pluralidad gastronómica y cultural de mi país. Igual de relevantes son las diferentes presentaciones del frijol, sin faltar la vasta variedad de chiles que aportan el sabor, textura, color y sin duda el picor que tanto nos identifica.

Como todo elemento cultural, la gastronomía ha ido evolucionado y adaptándose, adquiriendo nuevas formas y sabores. Hoy, aquí en Miami, como en el resto de Estados Unidos, la cocina mexicana ha encontrado nuevos elementos y se ha fusionado a un nuevo entorno migratorio. Esta Cocina de Fusión, debe ser entendida como aquella mezcla de diversos condimentos e ingredientes que son representativos de diversos lugares, ya sea nacional, regional o internacional, y muy importante un espacio donde convergen diferentes culturas.

Es en este sentido que me complace presentar el libro *Recorrido gastronomico con Yeikel*, del Chef Yeikel Santos, cuya personalidad se caracteriza por la alta creatividad y amplia integración de ingredientes

originarios fuera de las fronteras mexicanas. Yeikel se atreve, es decir, combina sin temor las cocinas típicas de varios países, y lo hace con un toque muy especial, que se caracteriza por utilizar ingredientes cuidadosamente elegidos, en donde antepone la salud. De esta manera, hace única la experiencia culinaria de mezclar los sabores y colores tradicionales de nuestros países, con la combinación del sazón hispano, ecléctico... para lograr conectarnos como una gran familia a través de la cocina.

Es para mí un gusto que Yeikel, chef de origen cubano, comparta con las comunidades hispanas en el sur de Florida, estas significativas recetas que resaltan e ilustran los sabores de México, siendo yo, de manera personal, un comensal más de su exquisito sazón y testigo de su amor por el país que representamos en la conocida puerta de América: Miami.

Embajador Jonathan Chait Auerbach
Director General de Protocolo
Secretaria de Relaciones Exteriores de México

La gastronomía mexicana: orgullo y tradición

La cocina mexicana es conocida por su suculencia y su gran variedad. Sus orígenes se remontan al período prehispánico, cuando una gran cantidad de platillos giraban alrededor del maíz, junto a otros ingredientes como: chiles, frijoles, calabazas, aguacate, tomate, cacao, nopal, carne de conejo, armadillo y guajolote, así como insectos, ranas, tortugas y una gran variedad de frutas como ciruelas y pitayas.

Con la llegada de los españoles también se dio un mestizaje en la gastronomía y los platillos precolombinos se vieron enriquecidos con la introducción de frutas, azúcar, aceite, cereales como el trigo, especias como orégano y la pimienta negra, ganado vacuno, ovino, pollos, cerdos, leche y arroz, entre otros. Así nacieron los platillos que le han dado fama mundial a la gastronomía mexicana: el mole, los chiles en nogada, la sopa de lima, la cochinita pibil, las carnitas y los famosos tacos, entre otros.

También surgieron bebidas como el tequila, la cerveza, aguas frescas de diversas frutas tropicales, atole, champurrado y por supuesto el chocolate. En cuanto a los postres también la cocina mexicana tiene sus importantes aportaciones con el flan, la capirotada y la gran variedad de dulces tradicionales elaborados con leche y azúcar. Existe una enorme diversidad de ingredientes que ofrece esta tierra para la elaboración de platillos -ricos en color, olor y sabor-, lo que posiciona a México como uno de los destinos favoritos de los turistas nacionales e internacionales.

Gracias a la gastronomía mexicana y al amplio abanico de posibilidades que encontramos en el país, es posible incluirla en rutas turísticas que ayuden a diversificar la oferta y a la vez involucrar poblaciones rurales para elevar su calidad de vida.

Tradición prehispánica perdida

Si bien en otros lugares de país se ha mantenido la tradición gastronómica prehispánica, en el Valle de México ha ido desapareciendo, debido a la transformación radical del entorno natural y una creciente dificultad para conseguir los ingredientes que eran nativos de la cuenca lacustre. Los antiguos habitantes precolombinos de esta zona consideraban el lago como su principal fuente de alimento, en él encontraban los "pescaditos", peces de 5-7 cm (como los charales o mexcalpiques). En la actualidad, conseguir ahuautle (huevas de insectos del lago) es prácticamente imposible. Así pasa también con los patos silvestres y las guías de calabaza, que eran básicas en la gastronomía de Iztapalapa. Los nativos del Valle preparaban mextlapiques y mixiotes con pescados del lago, ajolotes, ranas o renacuajos, cosa que hoy solo ocurre en lugares muy aislados y poco transformados como Xochimilco. Para preparar el mixmole, un mole de pescado de Mixquic, se han tenido que sustituir las lenguas de vaca, un tipo de quelite, por acelgas, y los pescados nativos por carpas o truchas de los muchos viveros o piscifactorías que se han construido en el área metropolitana desde el siglo XIX.

Por otra parte, la ciudad es sede de eventos gastronómicos de envergadura nacional, como la Feria Nacional del Mole, que se celebra durante las tres primeras semanas de octubre en San Pedro Atocpan (Milpa Alta). Aproximadamente un 90% de los habitantes de Atocpan se dedica a la producción de mole, unas 30 toneladas anuales.

Comida corrida

Originaria de las áreas periféricas de la ciudad, la comida corrida es un tipo particular de menú del día que se ofrece en las fondas y que se caracteriza por servirse rápidamente y ser económica. Por ello, es ideal para los trabajadores de las grandes ciudades, que tienen un tiempo limitado para salir a comer y les es difícil volver a casa.

Por lo general, el menú corrido se compone de tres tiempos o platos: el primer tiempo o "sopa aguada" suele ser un caldo, sopa o consomé. El segundo tiempo o "sopa seca" se trata de alguna fuente de carbohidrato (o almidón) como la pasta, el arroz o el maíz. Estos dos tiempos, que equivalen

al primer plato en un menú tradicional europeo, no son muy elaborados. El tercer tiempo o "guiso" es el plato fuerte, el que más le costó a la fonda preparar, y suele ser carne (o vegetales) guisados, fritos, a la parrilla, cocidos... (como un chile relleno, pollo en adobo, mixiote, milanesa de res y pechuga a la plancha).

En una fonda decente siempre se sirve tanta agua fresca, pan, salsa verde y salsa roja como el cliente prefiera sin costo añadido. En cambio, si desea un café o un producto de la carta principal (que no figure en el menú del día) entonces sí se le añade con un costo extra.

El concepto de comida corrida nació y se expandió durante el Porfiriato y hoy es un elemento típico más de la gastronomía mexicana.

Quesadillas... ¿sin queso?

La capital mexicana es el único lugar de todo el país donde se pueden pedir quesadillas con o sin queso, pues por lo general se entiende que el queso viene incluido *per se*, ya que es su característica principal (de ahí su nombre). Sin embargo, en Ciudad de México los clientes deben especificar si se desea con o sin queso. Esta particularidad es motivo de burla por el resto del país. Al parecer, este debate viene de hace décadas, e incluso siglos. Aunque hay muchos ingredientes que rellenan una quesadilla (huitlacoche, flor de calabaza, pescado, chicharrón...), sólo en la Ciudad de México se comen las quesadillas de pancita.

Restauración, hostelería y otros establecimientos

En Ciudad de México hay multitud de reputados restaurantes, bares, pastelerías, hoteles y otros establecimientos de valor histórico-cultural. Por ejemplo, el clásico Café de Tacuba, fundado en 1912 en la calle homónima o la Dulcería de Celaya, ubicada en la avenida Cinco de Mayo y famosa por sus dulces mexicanos. Algunas de las cantinas más antiguas de la ciudad son: El Nivel, La Puerta del Sol, El Gallo de Oro, La Vaquita o La Única de Guerrero.

En la calle Isabel la Católica se encuentra el emblemático Casino Español, un club exquisito fundado en 1863 por españoles en México y que ofrece

alta cocina de la gastronomía hispana. Destaca su edificio de estilo europeo ecléctico. Otro restaurante histórico español importante es el Centro Castellano, en la calle Uruguay; todos ellos en el Centro Histórico.

Otros establecimientos famosos son el Bar La Ópera, fundado en 1876, donde se dice que acudía frecuentemente Porfirio Díaz, la Hostería de Santo Domingo, llamada así porque nació del antiguo Convento de Santo Domingo de Guzmán (1860), la Pastelería Suiza, fundada en 1942 por hispano-helvéticos y cuyo producto estrella es el brazo gitano, la tortería Casa del Pavo, de 1901.

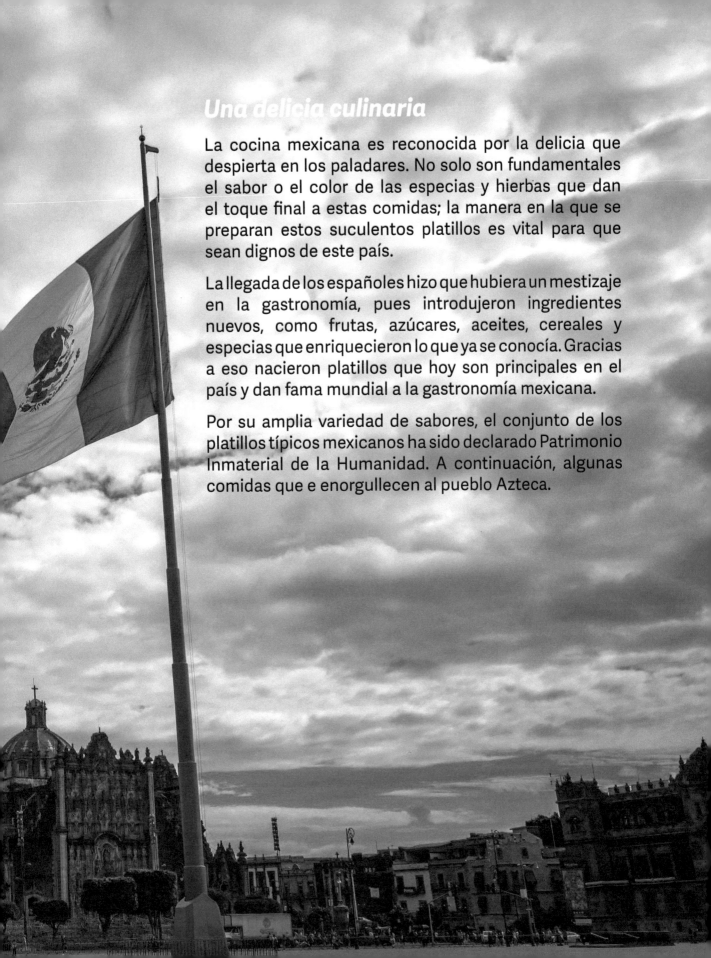

Una delicia culinaria

La cocina mexicana es reconocida por la delicia que despierta en los paladares. No solo son fundamentales el sabor o el color de las especias y hierbas que dan el toque final a estas comidas; la manera en la que se preparan estos suculentos platillos es vital para que sean dignos de este país.

La llegada de los españoles hizo que hubiera un mestizaje en la gastronomía, pues introdujeron ingredientes nuevos, como frutas, azúcares, aceites, cereales y especias que enriquecieron lo que ya se conocía. Gracias a eso nacieron platillos que hoy son principales en el país y dan fama mundial a la gastronomía mexicana.

Por su amplia variedad de sabores, el conjunto de los platillos típicos mexicanos ha sido declarado Patrimonio Inmaterial de la Humanidad. A continuación, algunas comidas que e enorgullecen al pueblo Azteca.

Una ruta por el México exquisito

Pozole

Este suculento caldo prehispánico se creó en Cuernavaca, el ingrediente principal es el maíz y según la región en la que te encuentres se agrega el tipo de carne que lo va a acompañar, puede ser cerdo, pollo o res. El pozole consiste en la cocción del cacahuacintle, que es un maíz de grano grande, después se la agrega la carne y para finalizar ricos condimentos complementarios que le dan el delicioso sabor a este gran platillo, como rábano, lechuga, aguacate y... por supuesto no debe faltar el chile, ya sea en salsa o polvo.

Chiles en nogada

Este exquisito representante mexicano procede de Puebla y se dice que fue creado por monjas agustinas del Convento de Santa Mónica para celebrar la Independencia de México. Sus colores y la llamativa presentación lo convierten en el platillo fundamental de esta nación. Consta de chile poblano con un rico relleno de res o cerdo acompañado de frutos, mientras que la salsa que lo cubre está hecha a base de nueces de castilla. Al momento de servirlo, el plato es decorado con perejil y granada y así representar los colores de la bandera de México.

Mole

Uno de los platillos más exóticos de México, también creación de Puebla, se caracteriza por tener diversos tipos de chile, especias y semillas que son molidas en metates y molcajetes. Este preparado es complemento de algún platillo que tenga carne, ya que el mole es la salsa que lo acompaña. Es reconocido a nivel mundial por los ingredientes extraordinarios con los que está hecho y que su preparación se ha vuelto una admirable tradición. Otro protagonista estrella en el mole es el cacao que le da un toque dulce.

Enchiladas

En cualquier país te podrán decir que conocen las enchiladas, este platillo tan particular le da la vuelta al mundo, pero es, sin dudas, un digno embajador de la cocina mexicana. Es originario de San Luis Potosí y consiste en las afamadas tortillas de maíz, rellenas de res, pollo o cerdo y queso. Como delicioso complemento, encima se añade salsa de diferentes tipos de chile, frijoles, queso, crema y se acompaña con lechuga, cebolla o aguacate. Hay varios tipos de enchiladas, depende del tipo de salsa utilizada, pero el sabor definitivamente es extraordinario.

Aquí les comparto, brevemente, otros de los platos típicos que tienen que probar si visitan México:

Taco de Longaniza

El taco es el plato representativo de México y toma como base a la tortilla, generalmente elaborada de maíz. Dentro se pueden verter diversos rellenos como aliños, salsas, carnes, etc. La preparación dependerá mucho de la región en la que se encuentre. La tortilla suele servirse doblada.

Chilaquiles

Es un plato picante hecho a base de totopos (trozos de tortilla tostados en forma de triángulo), cubiertos con salsa de chile. Se puede mezclar con diversos ingredientes como pollo, carne, chorizo, queso, cebolla, etc. Por lo general, se come a la hora del desayuno.

Torta ahogada

La torta ahogada es un plato representativo de Jalisco y es eficaz para contrarrestar las resacas. En esta comida se toma como cimiento al birote (pan horneado, crujiente y dorado) para rellenarlo con carnitas (porciones de carne de cerdo fritas en manteca) y untarle en una salsa picante de chile. También se le añade cebolla, salsa de tomate, vinagre, comino, ajo y otros ingredientes.

Pozole

El pozole es una especie de sopa hecha a base de granos de Cacahuazintle (maíz grande), a la que se le agrega carne de pollo o cerdo. Se puede añadir lechuga, cebolla, col, crema, orégano, queso, aguacate, chile, etc. Finalmente se sirve en un tazón.

Los ingredientes dependerán mucho de la región en la que se ubique.

Bebidas típicas de México

- Tequila
- Mezcal
- Charanda
- Aguas Frescas
- Champurrado

El tequila es el trago bandera de México. Está hecho de agave y se elabora a partir de la fermentación y el destilado. En la etiqueta se debe señalar que está compuesto al 100% de agave. Si aparece un porcentaje menor, sería un tequila mixto, el cual generalmente viene mezclado con jarabe de maíz o de caña de azúcar.

Clases de Tequila

Las clases de tequila se determinan por las características posteriores al proceso de destilación.

- Blanco o plata
- Joven u oro
- Reposado
- Añejo
- Extra añejo

La gastronomía de la Ciudad de México

Hablar de la gastronomía de la Ciudad de México es casi imposible, ya que en esta inmensa urbe se mezclan no sólo las cocinas de todos los estados de la República, sino también las de muchos países, como Francia, España, Italia, Grecia, Líbano, Portugal, Bélgica, Japón y China.

¿Qué ingredientes no encontramos en esta ciudad? Basta con darse una vuelta por la Central de Abastos para quedar azorado con lo que ahí puede hallarse. Y lo mismo sucede en los famosos mercados con muchos años de existencia, como el de San Juan, el Juárez, el de San Ángel o el de Coyoacán, sitios llenos de olores, sabores, texturas y colores. Pero esto ya nos viene de muy atrás, recordemos unas palabras del informe que le hace Hernán Cortés al rey de España sobre el mercado de Tlatelolco: "Finalmente que en dicho mercado se venden todas cuantas cosas se hallan en la tierra, que además de las que he dicho, son tantas y de tantas calidades, que por su prolijidad y por no me ocurrir tantas a la memoria y aun por no saber poner los nombres, no las expreso".

La ciudad... entre el ir y venir del día a día

En sus calles, el estruendo es parte de una sinfonía que a lo largo del día va *in crescendo* hasta que la luz artificial comienza a iluminar nuestro andar por sus rincones, y con ello, la oportunidad de una segunda vida en el mismo territorio. En esta ciudad que no duerme, lo que nunca falta es comida. Su potencial gastronómico crece al igual que la población; los barrios olvidados recobran su auge al mismo tiempo que se abren nuevos espacios en la periferia. Vivimos un momento en el que podemos elegir dónde desayunar, comer y cenar sin repetir por lo menos en tres meses.

Desde siempre, el gusto de comer y compartir la mesa ha estado presente en los mexicanos. Los banquetes tienen un lugar privilegiado en la historia, comenzando por los del emperador azteca Moctezuma; después, los acontecidos durante la Colonia y el Virreinato fueron predecesores de lo que ocurriría en el Porfiriato, un momento clave en el cual se refinó la mesa, se enriqueció el protocolo, se dio importancia a cada tiempo del festín y comenzó a ponerse en boga el uso de maridajes y la firma de cartas y menús con los nombres de los chefs; sin duda, un momento histórico para

ellos, quienes anteriormente estaban "escondidos" en la cocina como si fueran un secreto bien guardado. Este último paso fue como romper con el oscurantismo gastronómico en el que se vivía.

En el Centro Histórico

El reto de cualquier restaurante es sobrevivir. Si el primer año es difícil, imagínense 20 años o un centenario. Podemos pensar en La Hostería de Santo Domingo, feudo que presume tener 158 años de vida o en la Casa de los Azulejos, antes el Jockey Club y ahora Sanborn's, un sitio que el poeta, ensayista, dramaturgo e historiador mexicano, Salvador Novo, describió como "lugar de turistas en donde se podía tomar un café ligero, unas enchiladas, unos chilaquiles o bolillos untados con frijoles".

Testigo del último siglo de historia es el Casino Español, para quienes extrañan los clásicos del Viejo Mundo. Otro sitio, digno de mención, es el Café Tacuba, fundado en 1912 por Dionisio Mollinedo, y que ahora por herencia nos regaló Limosneros, propuesta de la nueva generación que continúa con el tema de cocina mexicana, pero con una dirección vanguardista.

No podía dejar de mencionar en este libro a la ciudad de Morelia, Michoacán, donde viví casi seis meses y estudié en el Colegio Culinario de Morelia. En la que defino como etapa importante en mi carrera profesional, también descubrí los sabores y tradiciones de un país al que siempre estaré agradecido. Aquí les dejo algunos datos muy interesantes sobre esta ciudad que también tienen que conocer.

La ciudad de Morelia es uno de los destinos turísticos más bellos e importantes de México por su invaluable patrimonio cultural e histórico. Es considerada la cuna ideológica del Movimiento de Independencia y es sede de conocidos festivales internacionales de música y cine. El espíritu de la Antigua Valladolid (1514) se conserva hasta nuestros días y para los vacacionistas es un deleite de recreación y esparcimiento. Gracias a su belleza arquitectónica, el Centro Histórico de Morelia ha sido distinguido entre las casi 200 ciudades del mundo reconocidas por la UNESCO como "Patrimonio Cultural de la Humanidad".

Ofrece una gran variedad de atractivos para el visitante: desde la tranquilidad y armonía de sus edificaciones ancestrales de cantera rosada, su amplia

variedad gastronómica (una de las cocinas más ricas y diversas de México), hasta su vasta gama de leyendas, tradiciones, bailes y artesanías, que hacen de esta ciudad uno de los mejores destinos para vacacionar.

El paseo a pie por la Calzada de Guadalupe permite disfrutar de una de las avenidas más seductoras de la ciudad. La belleza de Morelia se acentúa en la noche con la iluminación de tres de sus monumentos más representativos: La Catedral, el Antiguo Colegio de San Nicolás y el Acueducto.

Un poco de Historia

Morelia es la capital de Michoacán y cabecera del municipio del mismo nombre. La ciudad fue fundada por el Virrey Don Antonio de Mendoza el 18 de mayo de 1541, con el nombre original de "Nueva Ciudad de Michoacán", que cambió a "Valladolid" en 1578. Pero desde 1828 se llama "Morelia" en honor a Don José María Morelos y Pavón, héroe de la Independencia de México.

El pueblo de los matlatzincas se estableció en el valle de Guayangareo durante los siglos XIV o XV, en lo que hoy es Morelia, en un territorio que aparentemente les fue concedido como recompensa por haber participado en la defensa del imperio purépecha durante la invasión de los tecos de Jalisco. Se sabe que, al instalarse en el mencionado valle, cuyo significado es "loma chata y alargada", los matlatzincas recibieron el nombre de "pirindas", es decir "los de en medio", debido a la ubicación del lugar que ellos llamaron Patzinyegui.

Fueron sesenta familias de colonizadores, nueve frailes y algunos indígenas los que dieron forma el 18 de mayo de 1541 al Acta de Fundación de Valladolid, la cual recibiría el título de ciudad por distinción del rey Carlos I de España en 1545.

Patrimonio Cultural de la Humanidad

El 12 de diciembre de 1991, la UNESCO inscribió a Morelia en la lista del Patrimonio. Es la ciudad mexicana con más edificios catalogados como monumentos arquitectónicos (posee 1 113, y de ellos 260 fueron señalados como relevantes) en su Centro Histórico, de tal manera que visitarla

ofrece la garantía de un recorrido enriquecedor por su valor histórico y arquitectónico.

En su declaración, la UNESCO consideró que algunas de las perspectivas urbanas del Centro Histórico de Morelia constituyen "un modelo único en América". Estimó también que la arquitectura monumental de la ciudad se caracteriza por su estilo calificado como "barroco moreliano", por la originalidad de sus expresiones locales que se plasman en el Acueducto, la Catedral Metropolitana, en el conjunto de la iglesia de la Compañía y el ex Colegio Jesuita, así como en las fachadas y las arcadas de los corredores y patios de las casas Vallisoletanas.

El Centro de la Plaza de los Mártires es el punto focal de la vida cotidiana y el mejor lugar para comenzar el paseo. Uno de los lugares de interés es el colosal acueducto colonial construido en 1790: tiene más de 250 arcos que terminan en la Plaza de Villalongín, que se identifica por sus estatuas de mujeres tarascas que sostienen cestos con frutas. La calzada Fray San Antonio de San Miguel es una calle sombreada y rodeada de elegantes mansiones. El turista también puede disfrutar de una intensa oferta cultural en música, danza, cine, teatro y espectáculos diversos en general. En agosto se lleva a cabo el Festival de la Guitarra, en octubre el Festival Internacional de Cine y en noviembre el Festival Internacional de Música. En mayo se llevan a cabo los festejos por el aniversario de la ciudad y, en general, el calendario es abundante en actividades para los vacacionistas y lugareños.

Michoacán conjuga en su mesa la cocina original y la mestiza. Con la misma creatividad hacedora de la más variada artesanía de México, cada región del estado también tiene sus propios recetarios, desde los aperitivos hasta el postre. Entre los platillos más representativos de la cocina purépecha que se pueden encontrar en Morelia, destacan los chepos y corundas, que constituyen la variedad local de tamales. En materia de guisos sobresalen las atápakuas (caldos de verduras o carnes, espesados con maíz molido hasta adquirir una consistencia cremosa y en algunos casos, similar a moles); atole negro, también conocido como atole de chaqueta, preparado a base de cacao o caña de maíz quemada; atole verde, también llamado atole de grano, preparado a base de anís fresco y elote tierno. Es una variedad de atole salado, que se adereza con chile y cebolla.

Hoy representativos de la repostería moreliana son los famosos ates o carnes de frutas, elaborados principalmente de membrillo y guayaba que para mayor deleite se sirven acompañados por rebanadas de queso de Cotija.

Entre la amplia variedad de opciones que existen de lugares para disfrutar la gastronomía de la región, menciono algunos que me encantaron:

San Miguelito: Entre sus especialidades están el balde de huitlacoche y los cortes a la plancha con toque regional. De este restaurante es famoso el "Rincón de las Solteronas", un espacio donde las mujeres solteras pueden pedir a San Antonio (hay más de 200 imágenes del santo) por el amor de su vida.

Cenaduría Lupita: Aquí sirven platillos caseros de la región, como enchiladas placeras, uchepos (comalitos de maíz tierno), corundas (tamales en forma de triángulo), quesadillas, buñuelos, atole, patitas de puerco, pozole blanco, rojo y al estilo Michoacán.

Fonda Las Mercedes: Comida Internacional en un restaurante decorado con piezas de arte sacro. El bar, por su parte, tiene una decoración de diablitos.

Los Mercados: Es también una buena opción económica para disfrutar los platillos de la región: sugerimos visitar dos: el Mercado de San Juan y Mercado del Santo Niño.

Semana Santa en Chihuahua (tarahumaras)

La celebración de Semana Santa en la comunidad rarámuri –también llamada tarahumara– se conoce como Tewerichic. Es única en el mundo por ser resultado de un sincretismo entre la Semana Santa cristiana y la lucha entre el bien y el mal prehispánica.

El Tewerichic se celebra en un territorio de 35 mil kilómetros cuadrados. Durante este festejo –también declarado Patrimonio Inmaterial de la Humanidad por la UNESCO– la comunidad rarámuri se divide en dos grupos que respectivamente representan el bien y el mal, o seá Dios (que son los soldados) y el diablo (que son los fariseos o chabochis). Estos grupos son

acompañados por los pascoleros –danzantes– y dirigidos por los tenaches, capitanes encargados de llevar las imágenes de los santos.

En cuanto a la influencia prehispánica se dice que el rito de la Semana Santa cristiana coincidió con la celebración prehispánica de las deidades del sol y la luna: Rayénari y Metzaca, respectivamente. En esta fiesta se bailaba, se sacrificaban animales y se bebía tesgüino para celebrar que estos dioses habían creado el mundo.

Guelaguetza en Oaxaca

La Guelaguetza es una celebración que se lleva a cabo en el estado de Oaxaca y que en lengua zapoteca significa "regalo" u "ofrenda".

Podemos encontrar los orígenes de esta fiesta en el periodo colonial como resultado de un sincretismo entre el festejo católico del "Corpus de la Iglesia del Carmen Alto" y la necesidad por evangelizar a los zapotecas. Pero no solo ellos se vieron inmiscuidos en esta fiesta, sino que, con el paso del tiempo, se agregaron otras etnias de los alrededores de Oaxaca. Además, estos pueblos añadieron elementos de su propia tradición –como el festejo a la diosa Centéotl– que se enriqueció por la influencia de las comunidades afrodescendientes.

El Día de Muertos

Se celebra en México desde antes de la llegada de los españoles. De hecho, era una celebración común a todas las culturas de Mesoamérica que tenían un concepto parecido sobre la muerte y su significado. En estas culturas el destino de los muertos estaba marcado por la forma de vida que tuvo la persona. Con la llegada de los españoles, la fiesta se hizo mestiza y sumó nuevos elementos y significados católicos. La cruz de flores es el más revelador de estos elementos. La noche del 1 al 2 de noviembre, la ofrenda alcanza su máximo esplendor. Se reza y en algunas zonas del país se pasa la noche en los panteones.

Al terminar la celebración, se degustan todos los platillos y bebidas de la ofrenda. La muerte era importante en las culturas mesoamericanas. Al inframundo lo llamaban Mictlán, y Mictlantecuhtli era el señor de la muerte.

El destino final de las personas estaba determinado por la conducta desarrollada en la vida. De estas épocas viene la relación que el mexicano tiene con la muerte. El ritual del Día de Muertos permite acercarnos sin miedo al destino final, reencontrar a los seres queridos.

A la muerte se le tiene miedo, respeto, pero nos acercamos a ella, nos reímos para ocultar el temor. Para los mexicas, el Mictlán era el lugar de los muertos, donde los fallecidos atravesaban durante cuatro años un proceso para dejar el cuerpo y las emociones a su paso. Había nueve niveles (como obstáculos) que las personas debían superar. En el primero, por ejemplo, había un río que las personas cruzaban con ayuda de un xoloitzcuintle, un perro sin pelos emblemático de México. Después, se metían a cuevas, escalaban montañas de obsidiana, resistían fríos vientos, perdían la fuerza de gravedad, recibían flechazos, entre otras acciones. El último nivel representaba el paso de nueve ríos y era como encontrarse con todas las emociones, en un proceso de purificación.

¿Para qué se usa la flor de cempasúchil?

En la ofrenda se tiene la participación de todos los miembros de la familia. Será un lugar de veneración. Al final de la conmemoración, la familia procede a comer la ofrenda, que también fue tomada, en esencia, por los difuntos de la familia. A nivel social, los mexicanos la expresan de una manera divertida mediante pequeñas rimas llamadas "calaveritas", en donde en tono burlón hablan de varios personajes y de su muerte. Las imágenes de los difuntos de la familia a quienes se dedica esta conmemoración, jamás deben faltar. Las velas y veladoras se dejan encendidas. Se colocan frutas, pan y comida que les gustaba a los muertos. La bebida de su predilección se pone en la ofrenda, desde agua hasta cerveza o tequila. Se adorna con papel picado con la imagen de la muerte y flores de cempasúchil que marcan el camino de vuelta a casa.

El cempasúchil es una planta originaria de México y de Centroamérica que se utiliza como adorno en las ofrendas y altares. Además, florece en el otoño (cerca del Día de Muertos). Se dice que sus pétalos de color amarillo marcan la senda que deben recorrer los muertos durante la visita que hacen estos días, porque se supone que guardan el calor del sol y su aroma les llama.

Los muertos y los dioses son los primeros personajes de estos días desde tiempos prehispánicos. El elemento común era el perro -los aztecas conocían a los xoloitzcuintle– que según la tradición ayudaba en el Mictlán a hallar el camino a su destino final.

A principios del siglo XX se añadió la Catrina, la calavera creada por el grabador José Guadalupe Posada, que, vestida de varias formas, marca esa visión satírica o de burla, que se tiene con la muerte en México.

En las mujeres vive la gastronomía mexicana

Aunque mucho se habla de gastronomía de vanguardia, las cocineras tradicionales son la columna vertebral de la cocina mexicana. No sólo por dedicar su vida al nixtamal y al humo, sino por guardar conocimientos en sus memorias y transformar con sus manos los sabores de su tierra. Estas figuras son clave para entender la forma en la que la sociedad ha evolucionado. Con recetas heredadas de madres, tías y abuelas, las mujeres de comunidades rurales poseen el patrimonio gastronómico del país. No se requiere ningún estudio ni profesionalización para ampliar el espectro de las cocineras tradicionales, más bien, todo lo contrario. Su aprendizaje se compone de experiencias y saberes que obtienen en los fogones de cada una de sus casas.

Aquí les dejo una deliciosa selección de algunas de las mejores recetas mexicanas tradicionales, perfectas para sorprender a tus invitados. Con ellas, entenderás por qué la comida de este país es una de las más amadas.

Recetas con sabor a México

Agua de Jamaica

Ingredientes

1 ¼ taza de flores secas de Jamaica
3 tazas de agua
4 tazas de agua en una jarra
½ de taza de azúcar
2 tazas de cubos de hielo

Preparación

Coloca las flores en una olla pequeña con las 3 tazas de agua. Coloca en la estufa a temperatura media y espera a que hierva. Dejar hervir por 3 minutos.

Retira de la estufa y deja reposar por lo menos 4 horas. También puedes hacer este paso desde la noche anterior.

Utilizando un colador, vacía el líquido de las flores en una jarra con el resto del agua y el azúcar. Puedes ajustar la cantidad de agua si crees que el sabor es muy amargo para tu paladar. Revuelve para disolver el azúcar, agrega los cubos de hielo y deja enfriar. Ajusta la cantidad de azúcar a tu gusto personal. Quizás te gusta más dulce de lo que aquí se indica.

Agua de horchata

Ingredientes

1 taza de arroz
1 ⅓ de azúcar
½ taza de almendras
1 palito de canela
1 cucharada de vainilla
1 lata de leche evaporada
1 ½ tazas de leche de vaca o leche de almendras como sustituto
1 litro de agua más 1 taza
hielo al gusto

Preparación

Remoja el arroz, la canela y las almendras en una taza con agua. Deja reposar la mezcla toda la noche o durante 5 horas para que el arroz se ablande un poco.

Escurre el agua donde se reposaron los ingredientes durante toda la noche y en una licuadora muélelos con la leche evaporada hasta formar una mezcla ligera y los granos de arroz estén completamente molidos.

Con la ayuda de un colador quita el exceso de arroz vaciando la mezcla en una jarra, agrega el azúcar, la vainilla y la leche de vaca. Revuelve bien hasta que todo esté integrado perfectamente.

Agrega el litro de agua y sirve con hielo a tu gusto. Disfruta.

Guacamole

Ingredientes

5 piezas de aguacates
Sal al gusto
Cilantro al gusto
1 pieza de cebolla blanca
3 piezas de jitomate
Jugo de limón (al gusto)
Chile verde (al gusto)

Para los totopos:

Tortillas de maíz (docena)
Aceite vegetal (para freír)

Preparación

Cortamos los aguacates, retiramos la semilla y extraemos la pulpa. Agregamos limón para evitar la oxidación. Cortamos los jitomates en jardineras pequeñas. Cortamos la cebolla en brunoise. Aplastamos los aguacates con un pasapuré. Limpiamos el cilantro quedándonos solo con las hojas y las cortamos de manera cincelada. Cortamos el chile, desvenando y despepitando, en brunoise. En un *bowl* mezclamos todos los ingredientes anteriores.

Para los totopos vamos a cortar las tortillas en cuartos, las pasamos por una salmuera (agua y sal al 10%) y luego los secamos y los freímos en aceite caliente por espacio de 5 minutos. Servir el guacamole acompañado de los totopos.

El guacamole es uno de los platillos más tradicionales, típicos y representativos de la cocina mexicana, tiene sus orígenes en los antepasados aztecas, quienes lo elaboraban y lo llamaban *Ahuacamolli*, que se compone de las palabras *Ahuacatl* (aguacate) y *molli* (salsa) en náhuatl, es decir salsa de aguacate. Una leyenda náhuatl refiere que es precisamente Quetzalcóatl, uno de los dioses más importantes de las culturas mesoamericanas, una mezcla de pájaro y serpiente, quien le regala a los hombres la manera de hacer el guacamole.

Tacos de camarón

Ingredientes

9 piezas de camarones
3 piezas de tortillas de maíz
40 ml de aceite de oliva
30 g de cilantro
½ pieza de limón
Sal al gusto
Pimienta al gusto
6 g de pimentón
1 pieza de rábano
100 g de col morada
25 ml de crema de leche

Preparación

Limpiamos los camarones retirándoles el caparazón y los órganos, los cortamos en mariposa y los reservamos al frio. Lavamos y desinfectamos los vegetales. En una sartén al fuego medio adicionamos el aceite de oliva, una vez caliente agregamos los camarones abiertos en mariposa, le añadimos la sal, la pimienta y comenzamos a saltearlos. Añadimos el pimentón dulce, un poquito de cilantro cincelado, y seguimos cocinando los camarones solo por 3 minutos. Aparte calentamos las tortillas en el asador o en el comal y montamos nuestro plato acompañado con guacamole y una ramita de cilantro. A cada tortilla le colocamos col o repollo morado cortado finamente y sobre esta capa los camarones. Agregamos un poco de crema de leche, unos octavos de limón y decoramos con el rábano rebanado.

Culturalmente el taco ha sido parte esencial de la cocina mesoamericana. Desde tiempos prehispánicos se ha empleado, obviamente mucho antes de la llegada de los conquistadores a América.

Ha representado y representa a la cocina mexicana, puesto que en cualquier actividad diaria o cotidiana se consume, lo podemos encontrar en cada esquina o rincón de pueblos o ciudades. Es una económica y sabrosa opción gastronómica. Es simple: se toma la tortilla y sobre ella se ponen los diferentes elementos que se van consumir.

De esta forma se mantiene viva la tradición de comer tacos en la vida diaria. Esta variante que presentamos está hecha de camarones, ingrediente típico de la costa mexicana de donde es originario este platillo.

Bacalao a la veracruzana

Ingredientes para el caldillo:

150 g de jitomate
50 g de cebolla
10 g de ajo
30 g de pimiento
100 ml de caldo de cocción de bacalao

Preparación

Licuar todos los ingredientes del caldillo, reservar y colar a la hora de la preparación.

Ingredientes para el bacalao:

1kg de bacalao desalado
250 g de papitas cambray
60 gr cebolla morada fileteada
30 g uvas pasas
50 g cebolla blanca troceada
150 g de jitomate saladet
100 g de aceitunas verdes rellenas de pimiento
15 g de perejil cincelado
40 g de alcaparras
60 g de julianas de pimiento rojo
60 g de chile güero
60 ml de aceite de oliva
8 g de orégano
5 g de pimienta negra molida
2 hojas de laurel
16 g de ajo cortado
70 g de almendras fileteadas
500 ml de caldo de bacalao

Preparación

Si no está desalado el bacalao, desalarlo y desespinarlo, desde el día anterior. Esto se hará dejándolo al menos 8 veces en agua limpia cada 2 horas. Hervimos el pescado unos minutos en agua sin sal y los desmenuzamos, reservar. En una sartén añadir aceite de oliva y sin que esté caliente, en frío, adicionar el ajo. Cuando el ajo empiece a soltar el olor, al calentar, añadir la cebolla morada y sofreímos un poco. Añadir los pimientos rojos. Seguidamente añadiremos el bacalao previamente cocido. Adicionamos el caldillo de jitomate que teníamos reservado. Una vez que la salsa esté hirviendo con el bacalao se añaden las papas. Añadir el caldo de bacalao. Adicionamos las especias: hojas de laurel, orégano y pimienta. Mezclamos y dejamos hervir unos segundos. Añadimos las aceitunas, las alcaparras, un poco de perejil y algunos chiles güeros. Añadimos las uvas pasas y las almendras previamente tostadas. Terminamos la cocción y servimos en un bowl de madera. Espolvoreamos con perejil y le colocamos unos chiles güeros y decoramos con unas ramitas de perejil.

Esta elaboración de bacalao a la veracruzana combina perfectamente los sabores, dándole un equilibrio excelente y exquisito. Perfecto para compartir en familia o en celebraciones como la Navidad o siempre que se presente la ocasión.

Este platillo tiene su origen en España y llega a México por el puerto de Veracruz, a bordo de barcos de colonos provenientes, sobre todo, del País Vasco. En América va tomando otros matices, añadiéndose elementos y técnicas propias de estas tierras, fusionándose de una forma natural. Al igual que el bacalao a la Vizcaína, se suele servir en épocas navideñas conservándose esta tradición hasta nuestros días.

Pozole blanco

Ingredientes para el pozole 10 L

1 kg maíz pozolero
40 g de cal
2 kg de espinazo de cerdo
1 kg de lomo de cerdo
700 g de cerdo chamorro
¼ pieza de cabeza de cerdo
1kg de pollo
Laurel, tomillo, mejorana (al gusto)
Sal al gusto

Ingredientes para la guarnición:

2 piezas de cebolla
250 g de rábanos
5 piezas de aguacates
1 paquete de tostadas de maíz
8 g de orégano
150 ml de salsa de chile de árbol y aceite
2 piezas de lechuga
250 g limones

Preparación del maíz:

En una olla colocamos el maíz previamente lavado y le adicionamos la cal y el agua. Cocinar por espacio de 2 a 3 horas. Luego lo lavamos y le quitamos la cáscara a cada uno. Posteriormente le damos un hervor de 30 minutos.

Preparación del pozole

En una olla colocamos todas las carnes y adicionamos laurel, tomillo, orégano, sal y agua. Tapamos la olla y cocinamos durante 1 hora. Una vez cocidas las carnes, deshuesarlas. Ya listos todos los elementos, maíz y carne, los colocamos en una olla con los caldos resultantes de la cocción del maíz y de la carne. Cocinamos aproximadamente 40 minutos para amalgamar los ingredientes y poder mezclar los sabores. Servir y acompañar con aguacate michoacano, lechuga, orégano, cebolla cortada en brunoise, rábanos en rebanadas, salsa de aceite hecha de chile de árbol, limones en mitades y tostadas de maíz.

Un plato mexicano por excelencia, tradicional y lleno de historia. El pozole es una preparación de origen prehispánico. El origen de su nombre proviene del náhuatl, *pozolli*, a su vez de *tlapozonalli* que significa: hervido o espumoso. Era el pozole considerado un platillo ceremonial, empleado para comer la carne después de los sacrificios humanos, arrancaban el corazón y solo quedaba el cuerpo con la carne de la cual había sido arrancado todo el espíritu, la fortaleza y toda virtud del guerrero. El cuerpo material era cocinado junto con maíz cacahuazintle, y este era el pozole original. No se consumía normalmente ya que estaba reservado para las altas castas religiosas y al Emperador. A la llegada de los españoles esto chocó con los conceptos o preceptos católicos y por lo tanto comenzaron a haber cambios en el platillo. El cambio fundamental fue el de la carne de los sacrificios que se sustituyó preferentemente por la carne de cerdo. Otra transformación significativa fue que este plato pasó de ser un plato de castas y élite, a un platillo popular, y es aquí donde comienza la expansión de su consumo por todo México.

Birria de res

Ingredientes

2 kg de carne de res
Sal al gusto
3 piezas de jitomate
1 pieza de cebolla blanca
3 dientes de ajo medianos
5 piezas de chile guajillo
3 piezas de chile pasilla
30 ml de vinagre de manzana
Atado de hierbas con mejorana, tomillo, laurel.
Canela en rama
Orégano (al gusto)
Comino (al gusto)
Laurel (al gusto)
Pimienta gorda (al gusto)
Clavo de olor (al gusto)

Preparación

En un comal caliente se va a proceder a tostar ligeramente las especias. Una vez tostadas, las molemos en un molinillo para especias o en un molcajete, en un mortero o se licúan todos los ingredientes. Nuevamente llevamos el comal a fuego y conjuntamente una olla de barro con agua hirviendo. Primero tatemamos, o lo que es igual, asamos el chile pasilla y posteriormente los chiles guajillos en el comal y los pasamos para la olla de barro para hidratarlos. Los chiles ya deben estar desvenados y despepitados. Seguidamente procedemos a tatemar en el comal la cebolla y los jitomates picados en cuartos y el ajo. Retiramos y también sacamos los chiles hidratados del agua. Salamos la carne y la amasamos un poco para que la sal penetre. En una licuadora colocamos todos los elementos del adobo, las especias y los licuamos junto con el agua en el que hervimos los chiles. Colamos el adobo directamente encima de la carne y la dejamos adobando al menos 3 horas o hasta 24 horas.

En una olla de cocción lenta colocar directamente la carne ya adobada, adicionar un poquito de vinagre y el bouquet garni. Añadimos agua hasta cubrir y punteamos de sal. Colocamos la carne, programamos la olla para 1 hora de cocción. Servimos en un plato y también los acompañamientos que son cilantro bien cortado, cebolla, limón y salsa verde, o directamente con unas tortillas bien calientes realizamos un taquito.

Ingredientes de la salsa verde

½ kg de tomate verde o tomatillo
½ cebolla blanca
Chile verde (al gusto)
Cilantro al gusto
2 dientes de ajo medianos
Sal al gusto

Preparación

Mientras adobamos la carne vamos a ir realizando la salsa. Es una salsa verde hervida. En el agua caliente colocamos el tomatillo o tomate verde, la cebolla, el ajo y los chiles verdes. Esperamos a que todo se cocine. En un molcajete o licuadora en su caso, vamos a moler todos los elementos con un poco de sal, servimos la salsa con cilantro cincelado para acompañar la birria.

A pesar de que la Birria nació en el estado de Jalisco, según muchos autores, en la localidad de Cocula, es un platillo que es considerado nacional. En toda la República Mexicana podemos encontrar una exquisita Birria, por lo tanto, van a existir muchísimos estilos y formas de realizarla, en gran medida va a depender del cocinero, del estado, de la región, de los elementos e ingredientes que se puedan obtener en ciertos lugares.

La Birria es un platillo resultado de una fusión, como muchos otros platillos mexicanos, en este caso de la fusión europea que vino a conquistar el continente con la cocina prehispánica que ya existía. La carne que se usó desde un principio era la carne de chivo, que era considerado, en la época, como una especie de plaga porque comía todos los cultivos haciendo que muchos vegetales, muchas hortalizas no llegaran a la mesa. Por lo tanto, empezaron entonces con la idea de comer los chivos.

Carnitas michoacanas

Ingredientes

3 kg de carne de cerdo: pierna, chamorro, lomo, costillas, aldilla o falda, piel de cerdo o cuerito.
40 g de sal
1 kg de manteca de cerdo
1 litro de agua

Preparación

En un cazo o cacerola de cobre colocaremos la manteca de cerdo y llevamos a fuego. Elaboramos una salmuera para salar la carne, colocamos la sal en el agua y mezclamos. Ya caliente la manteca (es importante que caliente muy bien para que pierda el sabor a cebo), se procede a sellar las piezas de cerdo sin importar su orden, pero si el orden de colocación de las mismas: primero las piezas más duras, más firmes y de más volumen para posteriormente ir colocándolas en el mismo orden. Comenzamos con la pierna de cerdo, colocamos la pieza a sellar en la manteca hasta obtener un tono dorado y retiramos. Posteriormente, colocar el chamorro a sellar junto con el lomo de cerdo. Una vez sellado se retira de la manteca. Seguidamente se procede a sellar las costillas y la aldilla que son las piezas más suaves. El cuerito no se debe sellar. Una vez que se tengan todas las piezas selladas, colocar por el orden de dureza en el cazo, empezando por la pierna, el chamorro, el lomo, la aldilla, las costillas y por último el cuerito Una vez colocadas todas las piezas de cerdo, adicionamos la salmuera, bajamos la temperatura y dejamos cocinar aproximadamente dos horas y media (2:30 min). Finalizada la cocción, escurrimos en una coladera y cortamos las piezas. Presentamos el resultado en una charola y servimos en tacos de tortilla de maíz acompañados con chiles en vinagre.

Las carnitas son un clásico de la cocina michoacana. Hay infinidad de recetas, pero me he quedado con esta, pues acentúa todo el sabor natural de la carne y quede al final una caramelización propia de ella. Esta receta es una joya de la cocina mexicana que podemos elaborar en casa perfectamente. Aquí la tienes explicada paso a paso, con una narración de su historia, sus secretos y toda su cultura. Sin dudas, un platillo excepcional.

Mole negro

Ingredientes

50 gr de ajonjolí blanco
50 gr de ciruela pasa sin hueso
35 gr de pasitas
35 gr de cacahuate pelado sin sal
35 gr de semillas de calabaza
35 gr de almendras enteras
35 gr nuez picana en mitades
35 gr nuez de castilla
25 gr de avellanas enteras
4 pza de diente de ajo, pelados
1 pza de cebolla blanca Ch
3 gr de pimienta negra entera
3 gr de canela en canutillo
3 gr de pimienta gorda entera
3 gr de clavos de olor
1 gr de cominos enteros
100 gr de chile chilhuacle oaxaqueño, limpio
50 gr de chile pasilla mixe oaxaqueño, limpio
50 gr de chile ancho, limpio
50 gr de chile pasilla nacional, limpio
50 gr de chile mulato, limpio
4 pza de jitomate saladete
6 pza de tomate verde
150 gr de plátano
1 pza de pan de reposo
4 pza de tortilla dura
C/N semillas y rabos de los chiles
1 gr de tomillo seco o fresco
1 gr de mejorana seca o fresca
4 pza hoja de laurel nacional

¼ pza de hoja santa
150 ml de aceite vegetal
200 gr de chocolate de metate entablillado
4 pza de hoja fresca de árbol de aguacate
100 gr de azúcar estándar
C/N de sal de mar de grano quebrado
1 pza de canal de pollo, limpio y en piezas; cocido
2 lt de fondo o caldo de pollo.

Preparación

Disponer de las semillas oleaginosas y de las especias, tostarlas perfectamente sobre un comal o una sartén de teflón, evitando en todo momento
que se quemen. Tostar en el horno o sobre el comal los chiles, uno por uno
hasta que queden muy parejos, para cuando se enfríen tengan textura de
"chicharrón" y se rompan con facilidad. Tatemar perfectamente la cebolla y
los ajos, reservar y hacer lo mismo con el pan, los tomates y jitomates. Disponer de las semillas y rabos de los chiles entre las tortillas y deshidratar-
los sobre un comal hasta llevar a punto de ceniza. Licuar los ingredientes
con ayuda de una licuadora o robot de cocina, colocar una cazuela de barro
a punto de humo con el aceite y cocinar cada una de las moliendas. Rectificar el sabor con el chocolate, sal, azúcar y las hojas de aguacate. Servir
acompañado de arroz blanco.

Pan de muerto

Ingredientes

250 g de harina
75 g de azúcar
100 ml de leche
45 g de mantequilla
8 g de levadura
5 g de ralladura de naranja
1 huevo
5 ml de agua de azahar

Preparación

En primer lugar, haremos un prefermento que nos va a ayudar a darle fortaleza al pan. Lo vamos a hacer con toda la cantidad de levadura y 2 cucharadas de harina, 1 cucharada de azúcar y parte de la leche tibia. Lo dejamos fermentar en una cámara de fermentación que haremos en el horno colocando una cazuela con agua caliente en la parte baja del horno y poniendo sobre ella el bowl que contiene la esponja o prefermento. Cerramos el horno durante 20 minutos. (Esta manera de hacer la cámara de fermentación es si no disponemos de una). En un bowl añadimos la harina y le hacemos forma de volcán, colocamos la ralladura de la naranja, añadimos la mantequilla, parte del azúcar, el agua de azahar, la sal, el huevo, parte de la leche y comenzamos a mezclar y amalgamar todos los ingredientes con nuestra mano. Una vez amalgamado adicionamos el resto del azúcar y de la leche y seguimos mezclando. Ya lista la primera parte de la masa y lista también la esponja o prefermento procedemos a mezclarlos, para ello extendemos la masa y colocamos la levadura en el prefermento al centro. Seguidamente procedemos a incorporarlas muy bien y amasarla activando gluten. Dejamos fermentar la masa en un bowl aceitado y tapado con un paño húmedo, utilizando la misma técnica que utilizamos en el prefermento durante 20 minutos.

Pasado este tiempo colocamos harina en la mesada y procedemos a ponchar la masa para retirarle todo el exceso de aire. Separamos un poco de masa para realizar los huesitos y demás decoraciones y el resto la boleamos y la colocamos en una charola para horno ligeramente engrasada. Reservamos. Con la porción de masa que habíamos reservado formamos los huesitos o canillas y las colocamos sobre la estructura del pan. Así también, elaboramos una pequeña bolita que colocaremos encima en representación de un cráneo. Damos una segunda fermentación por 20 minutos con el pan ya armado para, posteriormente, hornear en horno precalentado a 200°C por un periodo de 35 minutos. Aún en caliente, barnizar el pan con mantequilla y espolvoreamos con azúcar. Servimos acompañado de chocolate espumoso en agua caliente.

Esta receta es una elaboración creada durante la conquista española. Ha ido evolucionado a través del tiempo hasta lo que es hoy, un exquisito manjar lleno de historia y tradición. Fueron los españoles quienes introdujeron en América muchos productos, entre ellos la harina de trigo, que es el ingrediente fundamental o base para el pan de muerto. Al llegar los españoles y tener contacto con las grandes culturas sobre todo de Mesoamérica, se dieron cuenta de que existía una creencia muy fuerte de la vida después de la muerte. Los cronistas españoles de la época dejaron sus impresiones sobre los sacrificios humanos, y se afirma, incluso, que este pan guarda cierta relación con el tema. Antiguamente se confeccionaban unas especies de amasijos hechos de amaranto con sangre de doncellas, que sacrificaban en los altares mesoamericanos. Esta práctica poco común, no fue del agrado de los conquistadores y se transformó para poder evangelizar a los habitantes.

Capirotada

Ingredientes

1 kg de pan tostado
1 pieza de jitomate
8 cm de canela en rama
6 g clavo de olor
60 g cebolla
700 g piloncillo
200 g de uvas pasas
120 g de queso rallado

Preparación

En una olla de barro colocamos el piloncillo. Seguidamente colocaremos el jitomate. Adicionamos el clavo de olor y la canela en rama. Adicionamos un trozo de cebolla y agua. Colocamos la olla al fuego. Una vez listo el almíbar o miel de piloncillo, procederemos a pasar el pan por la miel de manera muy rápida y lo colocamos al fondo de una fuente o charola de barro, que nos va a servir como presentación. Así procedemos con una capa de pan. Sobre el pan colocaremos un poco más de almíbar y luego las uvas pasas y un poco de queso. Luego colocamos otra capa de pan y repetimos el procedimiento. Servimos en la fuente de presentación.

Un platillo tradicional de Semana Santa, exquisito y maravilloso, una forma única de aprovechamiento de los alimentos. La capirotada, platillo lleno de historia y de tradición culinaria es un postre típico de la cocina mexicana y consiste en la reutilización del pan que ya se va quedando, este pan se va a tostar y entonces se va a embeber en un exquisito almíbar hecho de piloncillo. La tradición marca que esta elaboración nace y surge en la época cuaresmal. Durante la cuaresma los sacerdotes de la iglesia hacen una procesión, en esta se usaba desde tiempos antiguos un capirote, este es el nombre del gorro en forma cónica que se usa en la época para la ocasión y de ahí se da origen al nombre de Capirotada.

Puerto Rico

Prólogo

Sabor, Sazón, Cilantro y Reca'o

¿Qué nos caracteriza como personas, como barrio, como pueblo, como país? ¿Qué nos hace tan especiales como seres humanos? ¿Quién no recuerda a su abuela, tía, madrina, a la familia en un fogón, en la candela?

La cocina se ama o se odia.

Y sí, de ahí nace nuestro amor, nuestra pasión, nuestra vocación... de las bellas manos, del gusto de quienes se daban a la tarea de alimentarnos, de mimarnos, de consentirnos con los sabores que sirvieron de base para desarrollar el potencial arrollador de nuestra cultura gastronómica.

Desde el campo a la ciudad, de la ciudad a la playa, desde Puerto Rico al mundo, sin lugar a dudas nuestra gastronomía sirve de base para básicamente demostrar quiénes somos como pueblo.

¿Quiénes somos? Somos el sabor en su mejor momento, somos poesía en movimiento, somos lucha y sacrificio, somos evolución culinaria constante, somos Latinoamérica y somos Puerto Rico.

Me siento muy contento y honrado de haber puesto mi granito de arena, con mi amigo, Chef Yeikel, en esta documentación sobre los sabores caribeños y latinoamericanos.

Chef Erick Ujaque
Restaurante Raíces

Puerto Rico querido...

Puerto Rico es una isla del Caribe que está llena de música, sabor y naturaleza. La cocina puertorriqueña es una combinación de la española, la africana y la taína. Su gastronomía se caracteriza por la amplia variedad de ingredientes y productos nativos. La base de la cocina criolla tiene su origen en los indios taínos, quienes cultivaban raíces como la yuça, la batata y la yautía, además del maíz. Los españoles incorporaron alimentos como la cebolla, el ajo, el cilantro, la berenjena, los garbanzos, el coco y bebidas como el ron. Desde África se adquirió su estilo de cocina y se introdujeron alimentos como el plátano verde.

Influencia Taína

De la dieta de los Taínos varios productos o alimentos se incorporaron a la cocina puertorriqueña. Sin duda, el más destacado fue el pan casabe (de yuca). Otros productos autóctonos que se agregan a la lista son la batata, la yautía, el maní, el mapuey, el algodón, el lerén, el ajicito o pimienta cachucha y el ají caballero (la pimienta más autóctona de Puerto Rico). También la guayaba, la piña, los jicacos, quenepas, calabazas y guanábanas son alimentos taínos.

Los taínos también cosecharon variedades de frijol y de maíz, pero este último no era tan dominante en su cocina, debido a que los frecuentes huracanes que históricamente han azotado la isla, destruyen este cultivo.

Influencia española/europea

España también está presente en la cocina puertorriqueña. Los españoles trajeron el trigo, los garbanzos, la pimienta negra, cebolla, ajo, cilantro, albahaca y caña de azúcar. A esta lista se sumaron algunos tipos de cítricos, la berenjena, la manteca de cerdo, pollo, res, cerdo y productos lácteos... Se cree, además, que la tradición de la cocina compleja (guisos

y arroces en macetas) es originalmente europea (italianos, españoles y británicos). Aceitunas, alcaparras, aceite de oliva, uvas y vino juegan un papel muy importante en la cocina borinqueña, pero en el clima tropical estos alimentos no se cosechan.

La Isla tenía la mayor parte de estos alimentos importados de España, junto con algunas hierbas. Esta gran variedad de tradiciones se unió para formar la Cocina Criolla.

Influencia africana

Coco, café, orégano brujo, quimbombó, tamarindo, ñames, semillas de sésamo, gandules (guisantes de la paloma en inglés), muchas variedades de plátano, otros cultivos de raíces comestibles y Gallina de Guinea, todos vienen a Puerto Rico de África. La costumbre de freír con mucho aceite, también tiene un origen africano.

Las frituras como entrantes

Las frituras son los entrantes favoritos para picar antes de las comidas principales. Son muy conocidos los tostones -plátanos verdes fritos machacados-, que con frecuencia se sirven acompañados de arroz. Otros platos muy populares son las empanadillas, los bacalaítos, los surullitos -entrantes elaborados con harina de maíz y queso con salsa rosa- y los rellenos de papa -patatas machacadas con diversos rellenos-.

Otros entrantes muy consumidos son las sopas. La sopa nacional de Puerto Rico se conoce como asopao y se elabora con pollo y arroz. Esta sopa también se puede preparar con langosta y gambas; toda una delicia para quienes aprecian el sabor de un buen marisco.

Carnes y pescados en buena compañía

Las carnes que más se consumen en la Isla son la de ternera y de cerdo, en especial la segunda. Sin embargo, Puerto Rico cuenta también con una gran variedad de pescados y mariscos, que se obtienen de sus aguas cálidas. Tanto las carnes como los pescados y mariscos, van siempre acompañados de una guarnición (arroz con habichuelas o un sofrito de frijoles). Una de las guarniciones más apreciadas es el mofongo, que consiste en plátano verde frito machacado con carne o marisco en una deliciosa salsa de ajo y tomate.

Suculentas frutas tropicales

Para los amantes de las frutas, en Puerto Rico se pueden saborear algunas tan deliciosas como el coco, un alimento básico y muy popular en la Isla. Entre los postres más tradicionales se encuentran la papaya verde o batata dulce con dulce de lechoza, el casco de guayaba con queso blanco o solo, el pudding de pan, el arroz con dulce y los sorbetes de frutas tropicales, como el tamarindo y el flan de vainilla o de coco o queso.

Bebidas y refrescos

Para combatir el calor tropical de esta isla caribeña se encuentra a nuestra disposición una amplia gama de bebidas refrescantes. Puerto Rico es uno de los principales países productores de ron en el mundo. Con él se elaboran mezclas con zumos de frutas tropicales como la guayaba, la piña, la papaya o el tamarindo, entre otras. Las cervezas de la Isla son suaves y se sirven casi heladas. Los más pequeños pueden refrescarse con los deliciosos batidos sin alcohol, entre los que destacan la piña colada, que se elabora con jugo de piña, leche de coco y se adorna con una cereza y un pedazo de piña.

Dónde comer...

Se pueden encontrar restaurantes por toda la Isla con precios muy diferentes. En la ciudad de San Juan hallamos, sin dudas, una mayor variedad de platos típicos y a precios más económicos. Si lo que se busca es comida europea, los restaurantes que la ofrecen se concentran en la parte más vieja de la ciudad.

Conoce La Gastronomía De Puerto Rico

La piña colada es solo el comienzo. La comida puertorriqueña es famosa por su intenso colorido, su paladar complejo y sus increíbles condimentos.

Los puertorriqueños hablan de comida criolla cuando se refieren a la cocina, aunque en realidad el término hace referencia a la rica historia de la Isla y a su mezcla de culturas, la nativa, la española y la africana, que han ido formando la gastronomía tradicional. Los cocineros elaboran platos de un colorido intenso y con multitud de sabores y condimentos exquisitos, sin que resulten picantes gracias a la gran variedad de frutas tropicales, como la guayaba y el mango, tubérculos ricos en almidón, como la yuca y el ñame, legumbres, calabacines y maíz, además del marisco y el pescado blanco. Aquí te presentamos cinco platos típicos para degustar.

Habichuelas rosadas guisadas con arroz

El sofrito, un preparado aromático a base de pimientos, cebollas, ajo, hierbas y especias, es un elemento básico del sabor puertorriqueño. Se sirve en la mayoría de los platos salados antes de añadir los ingredientes principales. En nuestra receta de Habichuelas Guisadas (habichuelas rosadas guisadas), incorporamos un sofrito simple y casero con una guarnición de arroz blanco. Gracias a mi jefe anterior, natural de Puerto Rico, aprendí la forma correcta de hacer el arroz, una receta que he memorizado y que comparto con todos aquí. Con su forma de prepararlo es casi garantizado lograr una de las exquisiteces puertorriqueñas: el pegao, que es la capa de arroz fina y crujiente que se forma en el fondo de la olla.

Carne asada de cerdo con yuca a la puertorriqueña y salsa de cebolla y ajo

Otro elemento indispensable del auténtico sabor puertorriqueño es el adobo. Es una mezcla seca de especias a base de ajo, cebolla y orégano en polvo, cúrcuma, sal y pimienta negra que se usa para condimentar adobos o aliños, carnes y verduras. En este caso lo usamos generosamente para dar sabor a nuestro pernil de cerdo asado al estilo puertorriqueño. Esta receta preparada con paleta de cerdo o pernil resulta un verdadero manjar. Se cocina lentamente hasta que la carne oscura queda tan tierna, es decir, que se separa del hueso y la piel se vuelve crujiente. Es un plato que se comparte en celebraciones, especialmente en Navidad.

Por lo general se sirve con yuca al mojo, una yuca blanca como la nieve, y de sabor suave que, al hervirla, queda tan tierna que parece casi derretirse, y se sirve con una salsa de cebollas estofadas al vinagre.

Empanadillas de queso y espinacas

Cuando se trata de comida festiva en la Isla, no debes perderte los cuchifritos, unos exquisitos y apetecibles canapés fritos. Existen muchas variedades, como los bacalaítos (buñuelos de bacalao salado), alcapurrias (masa de yuca rellena con carne), croquetas, y mis favoritas: las empanadillas fritas. Estas pueden hacerse con muchos rellenos diferentes, como carne molida, pollo deshebrado, atún, pizza (¿por qué no?) o, como en nuestra receta, con una mezcla de espinacas con queso fundido. Los cuchifritos se pueden encontrar normalmente en los kioscos playeros, y son perfectos para tomar con una cerveza puertorriqueña bien fría.

Tembleque puertorriqueño

Puerto Rico también es famoso por sus deliciosos postres y bebidas preparados a base del coco nativo de la Isla (¿alguien quiere piña colada?). Uno de mis favoritos es el tembleque, un postre suave de coco que se prepara mezclando leche de coco con azúcar y maicena o fécula de maíz hasta que la preparación se espesa, luego se coloca en un molde y se deja enfriar en el refrigerador hasta que quede firme. Cuando se desmolda, se espolvorea con canela y se sirve en rebanadas. El nombre deriva de su textura temblorosa, similar a la de la gelatina.

Reúne a tu familia y amigos, saca la olla con tu arroz favorito ¡y celebra con nosotros la comida criolla de Puerto Rico!

Platos típicos de Puerto Rico

En Puerto Rico las raciones son realmente abundantes y es prácticamente imposible quedarse con hambre con sus consistentes platos. A continuación, les menciono algunas de las delicias que no pueden dejar de probar durante su viaje a la Isla:

Mofongo

El mofongo es uno de los platos más tradicionales de Puerto Rico y es posible encontrarlo en diferentes modalidades. Se trata de una especie de "volcán" de textura consistente hecho a base de plátano frito que se rellena de pollo, carne o marisco. El mofongo típico de Puerto Rico va acompañado de arroz y salsa.

Arroz mamposteao

Como base principal de la cocina boricua, el arroz se prepara de formas muy variadas. En el caso del arroz mamposteao, se mezcla con habichuelas guisadas y se sofríe junto con pimiento, jamón y ajo. ¡Una comida indispensable para comer en Puerto Rico! Sí o sí.

Alcapurrias

Reinas de las frituras de la Isla, las alcapurrias están hechas con masa de plátano o yuca que generalmente se rellena de carne. Esta opción tan crujiente se suele ofrecer en los puestos de la calle o bien en los locales especializados en frituras conocidos como cuchifritos.

Bistec encebollado

Este plato de carne es una de las recetas estrella de la Isla por su gran sabor y su suave textura, que se obtiene al cocinar la carne marinada a fuego lento.

Tostones

Ideales para acompañar algunos platos o bien para utilizarlos como "tostadas", se trata de rodajas de plátano verde que se fríen dos veces hasta que se alcanza su punto más crujiente.

Piononos

El plátano es uno de los principales ingredientes de los platos puertorriqueños, en este caso se utiliza como envoltura para un picadillo de carne o pollo. Generalmente se sirven fritos.

Arroz con habichuelas

Tan sencillo como delicioso, el arroz blanco con un cuenco de habichuelas preparadas a fuego lento es un acompañamiento delicioso que no puede faltar en ninguna mesa portorriqueña.

Quesitos

Uno de los dulces que no puede faltar en el menú de postres portorriqueño son los quesitos, preparados con una masa de hojaldre con miel rellena de crema de queso.

Amarillos

Preparados con rodajas de plátanos maduros fritos, los amarillos son una opción dulce y crujiente que se sirve como acompañamiento para diferentes platos.

Piña colada

La piña colada es uno de los cócteles más conocidos del mundo, tanto que, incluso, se le han dedicado canciones. Creado en el siglo XIX en San Juan de Puerto Rico, este dulce trago cuenta con la mezcla de piña, coco y ron.

Seguimos tras los pasos de la historia, los lugares, la gente...

Puerto Rico tiene fabulosas cosas por hacer, desde pasear por los castillos llenos de historia del Viejo San Juan, hasta correr con caballos salvajes y bañarse en las aguas cristalinas de sus deslumbrantes playas. Aquí te voy a mencionar algunas cosas que hacer en Puerto Rico, que te dejarán enamorado de la Isla del Encanto. Eso sí, les confieso que no todas las pude hacer, pero sin duda las tendré en cuenta para mi próximo viaje.

Pasea por el Viejo San Juan

San Juan fue fundada en 1521 en una hermosa bahía de la costa norte de Puerto Rico. Su centro histórico, poblado de coloridas casonas, alberga las joyas arquitectónicas más importantes de la sla. Una es el Castillo San Felipe del Morro, postal de presentación de Puerto Rico en el mundo turístico internacional. Es esta una fortificación que luce imponente frente a las aguas del Caribe. Construido en el siglo XVI, fue el principal baluarte defensivo de la Isla durante la época de la piratería colonial.

El Castillo San Cristóbal, la Catedral de San Juan Bautista, el Palacio de Santa Catalina, también llamado La Fortaleza; la Plaza de Armas, el Fortín de San Gerónimo, el Cementerio de Santa María Magdalena de Pazzis, el Capitolio, la Casa Blanca y el Paseo de La Princesa, son otras paradas fundamentales en el Viejo San Juan.

Conoce las dos "serpientes isleñas" más bellas de Puerto Rico: Culebra y Culebrita

En Culebra ya no hay tantas serpientes *Alsophis portoricensis*, cuya abundancia le dio el nombre a la Isla, pero sobran playas paradisíacas que están entre las mejores del Caribe. Por su ubicación en la parte más oriental del archipiélago puertorriqueño, Culebra es llamada la Cuna del Sol Borincano. Se halla a 27 km de la costa de la isla principal de Puerto Rico y su playa más conocida es Flamenco. En Flamenco verás arena blanca y aguas transparentes y se da la inusual estampa de ver tanques de guerra abandonados en el arenal. Fueron dejados por el ejército de EE.UU., país que utilizó Culebra para prácticas militares. El Refugio Nacional de Vida Silvestre de Culebra tiene una de las mayores concentraciones de aves en las Antillas. Al lado de Culebra está Culebrita, un bello cayo en el que encontramos Playa Tortuga, que compite con Playa Flamenco por la distinción de mejor playa de Puerto Rico. El faro de Culebrita funcionó entre 1886 y 1975.

Vive la historia del ron en Ponce

Ponce es la segunda mayor concentración urbana de Puerto Rico, después de San Juan. Su Zona Histórica no es tan antigua, sino que data de finales del siglo XIX y primeras décadas del siglo XX, porque la mayoría de sus edificaciones coloniales fueron derribadas por desastres naturales.

Entre las atracciones arquitectónicas de la ciudad (que lleva el nombre del conquistador de Puerto Rico, Juan Ponce de León) se encuentran la Catedral, el Parque de Bombas (una antigua estación de bomberos) y los inmuebles ligados a la familia Serrallés, históricos magnates de la caña de azúcar y el ron.

El Catillo Serrallés, opulenta mansión construida en una colina ponceña en los años 30, frente a la Zona Histórica, es la sede del Museo de Historia de la Caña de Azúcar y el Ron. En la Casa Serrallés, otra antigua residencia de la acaudalada familia, funciona el Museo de la Música Puertorriqueña. Para los playeros Ponce cuenta con La Guancha y con la fantástica Isla Caja de Muertos.

Explora las cuevas del Río Camuy

El Río Camuy, de 30 km de longitud, nace en la Cordillera Central, en el noroeste de Puerto Rico, y fluye hacia el norte para desembocar en el Mar Caribe. Tiene varios tramos subterráneos y es una de las corrientes por debajo de la tierra más largas del mundo. A su paso por cuatro municipios puertorriqueños (Camuy, Hatillo, Lares y Utuado), el río formó cerca de 220 cuevas en un recorrido de unos 16 km, que integra el mayor sistema de cavernas del hemisferio occidental y uno de los más grandes del planeta. Hasta la fecha han sido identificadas 18 entradas al sistema de cuevas. Las cuevas forman parte del Parque Nacional de las Cavernas del Río Camuy, área protegida de 10.8 km^2 decretada en 1987 para preservar uno de los paisajes más espectaculares de Puerto Rico. Cueva Clara es una de las más impresionantes, con una altura superior a 50 metros y formidables estalactitas y estalagmitas. Evidencias arqueológicas indican que las cuevas eran conocidas por los antiguos taínos.

Camina entre aves por los bosques secos de Puerto Rico

Los bosques secos son una clasificación de la flora, que distingue a los ecosistemas boscosos que viven en regiones con una estación lluviosa corta pero muy intensa, seguida de una larga temporada de sequía o de pocas precipitaciones. El mejor ejemplo de estos ecosistemas en toda el área del Caribe es el Bosque Estatal de Guánica. Guánica es un municipio situado frente a la costa sur de Puerto Rico, a 40 km de la ciudad de Ponce. El bosque estatal es un área protegida de 40.5 hectáreas en la que llueven 770 mm/m^2 al año, con las precipitaciones fuertemente concentradas en el período agosto-noviembre.

Entre las especies vegetales siempre verdes sobresalen guayacán, albarillo y tea, y entre las caducas se distinguen almácigo, úcar y serrasuela, esta última casi exclusiva del Bosque Estatal de Guánica. El bosque es también uno de los grandes refugios de aves de la Isla, contando con 136 especies registradas, entre ellas carpintero, capitán comeñáme, pájaro bobo, bienteveo y zumbadorcito.

Súbete la cafeína en las haciendas cafetaleras de Puerto Rico

Un poco de cafeína no está mal para mantenerse despierto, y un viaje por Puerto Rico requiere de mucho tiempo despabilado para conocer todas sus atracciones. Afortunadamente, en la Isla se produce un excelente café. Puerto Rico está cubierta de montañas en un 40 % de su superficie. La principal cadena montañosa es la Cordillera Central, que divide la Isla en dos partes. En estas montañas se siembran cafetos desde el siglo XVIII y este cultivo lideró las exportaciones puertorriqueñas a finales del siglo XIX. Varias haciendas cafetaleras han sido certificadas por las autoridades turísticas puertorriqueñas para ofrecer tours que incluyen recorridos por los cafetales, visitas a las instalaciones de procesamiento y degustaciones de la popular infusión. El municipio de Adjuntas, ubicado a 28 km al noroeste de Ponce y a 122 km al suroeste de San Juan, es llamado el Pueblo del Café y la Ruta del Café. Alberga unas 1 400 fincas cafetaleras. Entre estas se distinguen Tres Ángeles y Sandra Farms.

Deléitate con la comida callejera del Paseo de Piñones

Piñones es una pequeña localidad costera de Puerto Rico, que se sitúa a 19 km del centro de San Juan. Cuenta con un paseo que es estupendo para caminantes, ciclistas, trotadores y personas que van a disfrutar de sus playas y de la comida callejera, que se ha hecho un arte en el lugar. Se extiende por varios kilómetros frente a la playa y hay kioscos para todas las especialidades de la cocina isleña.

Entre los platos más demandados, están las empanadillas y los típicos bacalaítos puertorriqueños, unas frituras de bacalao desalado y desmenuzado mezclado con un rebosado de harina y especias, que los locales comen en la playa, en fiestas y en muchas otras ocasiones.

En el Paseo de Piñones también puedes degustar las populares alcapurrias, una fritura a base de una masa de yuca y plátano verde rallado, rellena de un picadillo de carne o de jueyes (cangrejos).

Deslumbra tus sentidos en los acantilados de Isabela

Isabela es un municipio costero puertorriqueño situado cerca del extremo noroccidental de la Isla, a 45 km al norte de la ciudad de Mayagüez y a 116 km al oeste de San Juan.

En el litoral de Isabela hay acantilados espectaculares como Punta Impresionante, una enorme escarpadura situada al final de Pastillo, que alguna gente encuentra parecida a la cara de un cacique taíno, mientras que otras dicen que se parece a un puma.

La playa no es apta para nadar por su intenso oleaje, pero las vistas de la naturaleza salvaje son impactantes. Cerca de la playa está la Cueva de las Golondrinas, que es inundada por el mar en marea alta, pero con marea baja y buen clima es un bonito paseo.

Ponte colonial en San Germán

San Germán es una pequeña ciudad del suroccidente de Puerto Rico en la que se siente con intensidad la herencia española. Es una especie de versión en pequeño del Viejo San Juan. Sus atracciones coloniales pueden conocerse a pie, ya que los principales sitios de interés están muy cerca el uno del otro.

Entre estos atractivos está el Convento de Santo Domingo de Porta Coeli, un conjunto dominico que alberga un museo religioso y una de las primeras capillas construidas en el Nuevo Mundo.

Frente a la plaza principal está la iglesia de San Germán de Auxerre, un inmueble de 1688, tres veces reconstruido después de varios terremotos, el último en 1918.

Recorre los faros de Puerto Rico

Una de las principales señales de identidad de Puerto Rico son sus faros del siglo XIX, construidos por los españoles para hacer más segura la navegación por el Mar de las Antillas.

Los quince faros de Puerto Rico, erigidos aproximadamente entre los años 1840 y 1890, antes de España perder esta Isla y Cuba en 1898, constituyen actualmente patrimonio histórico y atracciones turísticas.

Uno de los más conocidos es el del Castillo de San Felipe del Morro, fortaleza defensiva de la ciudad de San Juan. Construido en 1846, es el faro más antiguo de la Isla, que todavía está en funcionamiento.

El Faro de Cabo Rojo marca estratégicamente la entrada al Canal de la Mona, en el occidente de Puerto Rico y es conocido por los impresionantes acantilados y bellos atardeceres. Fue construido en 1882 y restaurado en 2007.

Otros faros puertorriqueños que vale conocer son el de las Cabezas de San Juan (Fajardo) y el de Arecibo, último erigido por los españoles, en 1898; así como los de Isla de Mona e Isla Caja de Muertos.

Admira la belleza de Mayagüez

Mayagüez es la ciudad más grande de Puerto Rico sobre la costa occidental. Es llamada la Sultana del Oeste por su belleza señorial y la Ciudad de las Aguas Puras por la pureza de sus manantiales. Le disputa a Aguada y Aguadilla el privilegio de haber sido el lugar donde desembarcó Cristóbal Colón cuando descubrió la isla de Puerto Rico en su segundo viaje.

Mayagüez es conocida también por su tradición panadera y en la ciudad hay panaderías que son instituciones de la gastronomía local, como Ricomini, un negocio familiar de más de 100 años. Este pintoresco mercado se instala en la plaza principal de Rincón los días domingos entre las ocho de la mañana y las dos de la tarde. Es el lugar perfecto para comprar tomates, berenjenas, pimientos, cocos y otros productos de granjas orgánicas, a excelentes precios.

Si has ido a surfear en las playas de Rincón y a bucear en sus ecosistemas acuáticos, poblados de peces multicolores y bellos corales, hacer una compra en el mercado agroecológico le sentará bien a tu presupuesto de viaje. Por supuesto, también a tu salud, ya que consumirás unos productos cosechados con las más sanas prácticas agrícolas.

De esta manera, los agricultores, generalmente personas de bajos recursos, obtienen un mejor ingreso al vender al consumidor final y no a intermediarios.

Degusta un pargo en La Parguera

La blanca carne del pargo es una de las más delicadas que existe y no hay mejor lugar en Puerto Rico para disfrutar de este exquisito pescado que La Parguera, donde son tan abundantes que le dan el nombre a la localidad.

Es una comunidad de la costa suroccidental de Puerto Rico, situada en el municipio de Lajas, a 57 km al oeste de la ciudad de Ponce. Sus cayos, con playas de aguas cristalinas y tranquilas, están llenos de manglares en los que palpita una interesante fauna.

Corre con caballos salvajes en las playas de Vieques

No hay experiencia más excitante que correr con caballos salvajes en la playa de arena negra de la isla de Vieques. Situada en el sector oriental, Vieques es la segunda isla más grande del archipiélago de Puerto Rico y se encuentra al este de la isla principal o Isla Grande.

La arena oscura de Playa Negra se debe a la actividad volcánica ocurrida hace millones de años, por la que emergieron rocas con alto contenido de magnetita. Con el tiempo, estas rocas se deshicieron y formaron la singular arena negra que caracteriza a esta playa.

Vieques está tan superpoblada de caballos salvajes, que el asunto está produciendo desequilibrios ecológicos. Entre tanto, estos bellos animales pastan y corretean por todos lados, encantando a los turistas, que no paran de tomar fotos y videos.

Otra de las grandes atracciones de Vieques es Bahía Mosquito, una playa bioluminiscente, cuyas aguas adoptan un precioso color azul eléctrico que la convierten en todo un espectáculo nocturno.

El faro se encuentra cerca de las minas de sal, unas de las más antiguas del Nuevo Mundo. Actualmente son una atracción turística con paseos guiados por el Centro Interpretativo Las Salinas de Cabo Rojo.

Llénate de sol en Fajardo

Fajardo, llamada La Metrópolis del Este, es la ciudad más importante de la costa oriental de Puerto Rico. Se encuentra en el extremo nororiental de la Isla y alberga atracciones como la Reserva Natural de Las Cabezas de San Juan, el Faro de Las Cabezas de San Juan y varias encantadoras playas, entre las que destacan Seven Seas, Isla Palomino y Playa Escondida.

La reserva es un área protegida de 128 hectáreas, con una ensenada de aguas bioluminiscentes y ecosistemas en los que vive una fauna única. El faro fue construido en 1882 y ayudó a los barcos españoles a ganar la Batalla de Fajardo en julio de 1898, aunque después perdieran la guerra y la Isla.

Embriágate de cultura etílica en la Fábrica Bacardí

Puerto Rico es cuna de excelentes rones y la famosa marca Bacardí, que, si bien no surgió en la Isla, la ha marcado históricamente con un destilado que es un emblema puertorriqueño.

El ron Bacardí fue creado en 1862 en Santiago de Cuba, por el español Facundo Bacardí, cuando la Isla era todavía una capitanía general de España.

El señor Bacardí se puso a experimentar en un modesto alambique hasta que consiguió un ron, que le pareció lo bastante suave como para arrebatarle una cuota de mercado a los rudos aguardientes de caña que se vendían en el siglo XIX.

No estaba equivocado. Tras operar exitosamente en Cuba durante un siglo, la firma mudó sus operaciones a Puerto Rico después de la Revolución Cubana. Actualmente, la fábrica Bacardí situada en el área de la Bahía de San Juan, produce diariamente 400 000 litros y es visitada por los turistas, que van a conocer el proceso de fabricación y a degustar cocteles.

Déjate seducir por la belleza de Caja de Muertos

Las islas deshabitadas tienen un encanto virginal y Caja de Muertos, con su tapete verde y playas edénicas cautiva a los turistas. Tiene kilómetro y medio de superficie y está ubicada frente al litoral sur de Puerto Rico, a 8 km de Ponce Playa.

La isla alberga la Reserva Natural Caja de Muertos, un área que fue protegida para cuidar los sitios de anidación y desove de tortugas marinas en peligro de extinción.

Como en casi todas las islas puertorriqueñas, hay un faro, que fue construido en 1887 cuando todavía el territorio era posesión española. Fue restaurado y automatizado por Estados Unidos en 1945 y se mantiene en funcionamiento. Su torre cilíndrica tiene 19 metros de altura y su alcance es de 33.3 km.

La principal playa es Pelícanos, de arenal blanco, aguas nítidas y con baños, aunque no hay restaurantes, por lo que es recomendable llevar comida y bebidas. Hay un sendero para ir al faro en una caminata de aproximadamente 15 minutos.

Visita a la criolla Caguas

Caguas se halla en la región centro-oriental de Puerto Rico, a 31 km al sur de San Juan, y es llamada la Ciudad Criolla. Su nombre es una derivación de Caguax, el cacique taíno que gobernaba la zona cuando llegaron los conquistadores y les opuso tenaz resistencia.

Su símbolo arquitectónico es la Catedral del Dulce Nombre de Jesús, uno de los cinco templos de Puerto Rico con sede episcopal.

El Jardín Botánico y Cultural es un espacio multitemático con reserva de flora, zoológico, vestigios arqueológicos taínos y ruinas históricas, que incluyen las del ingenio azucarero de la Hacienda San José y un barracón de esclavos.

Otra atracción cagueña es el Centro Criollo de Ciencia y Tecnología del Caribe, que presenta exposiciones interactivas sobre temas de ciencia y tecnología.

En el tercer nivel de este centro se encuentra el Techo Verde, diseñado para capturar el agua de lluvia y reutilizarla. En el lugar hay un huerto que tiene cultivos hidropónicos.

Disfruta de este recorrido por toda esta preciosa ciudad: Placita de Santurce

Esta centenaria placita (situada en la Calle Dos Hermanos del popular barrio sanjuanero de Santurce) fue fundada como una plaza de mercado, a la que la población de principios del siglo XX iba a comprar frutas, verduras, carne y otros productos de consumo.

La función de mercado al aire libre de productos agrícolas la sigue cumpliendo actualmente durante el día, pero a partir de las seis de la tarde, la placita se convierte en un centro de diversión, con cientos de personas que van a comer, beber, charlar, escuchar música y bailar con las bandas en vivo de salsa, merengue, rock, jazz y otros géneros musicales.

Los aficionados al karaoke muestran sus dotes vocales, mientras ruedan los tragos y las botanas con los bocados típicos de Puerto Rico, como los bacalaítos, las alcapurrias y las empanadillas.

Aunque la Placita de Santurce suele estar activa todas las noches, cobra su máxima animación de jueves a domingo.

Bayamón: el sitio del ron más antiguo y los chicharrones más famosos

Bayamón es una localidad y municipio de Puerto Rico, también conocida como la Ciudad del Chicharrón por su comida típica. La tradición gastronómica se remonta al período colonial y los bayamonenses comen el chicharrón con el popular pan de cachete.

Bayamón también es llamada la Ciudad de las Ciencias y alberga el Parque de las Ciencias Luis A. Ferré, un espacio educativo y recreativo enfocado en temas científicos y tecnológicos. Cuenta además con zoológico, lago artificial, mirador natural y exhibición arqueológica.

Otra atracción de Bayamón es la Hacienda Santa Ana, donde se produce el Ron del Barrilito, la marca puertorriqueña más antigua del destilado nacional.

Conoce la playa biogénica de Ceiba

Ceiba es un municipio de la costa oriental puertorriqueña que debe su nombre a los frondosos y corpulentos árboles que abundan en este sector de la Isla.

Los ceibeños son llamados "Los Come Sopas". Un fin de semana de febrero se realiza un evento gastronómico llamado el Festival de las Sopas, con sopones, asopados, sancochos, cremas de verduras y otros platillos de comer con cuchara, además de feria agrícola y música en vivo.

La principal playa local, conocida como Los Machos, es biogénica. En este tipo de playa, la arena no es de origen lítico o arrastrada por los ríos, sino que proviene de la milenaria descomposición de organismos marinos, principalmente corales, conchas y caracoles.

Relájate en una hamaca en San Sebastián

Uno de los grandes descubrimientos de Colón en el Nuevo Mundo fue la hamaca, que llevó a España para esparcimiento de los europeos. Muy conocida y utilizad en México, la hamaca llegó a este país desde las islas del Caribe y aunque no se sabe exactamente dónde se confeccionó la primera, la palabra "hamaca" es taína.

El pueblo más hamaquero de Puerto Rico es San Sebastián, ubicado en el occidente de la isla principal. En San Sebastián se encuentra el Museo de la Hamaca, de acceso gratuito, en el que se exhiben piezas de todos los tamaños y colores.

Durante el primer fin de semana de julio se realiza el Festival Nacional de la Hamaca, que convoca unas 70 000 personas e incluye eventos musicales y feria gastronómica.

El río más caudaloso de Puerto Rico

Loíza es una ciudad y municipio del noreste de Puerto Rico, llamada la Capital de la Tradición. Según una versión, Loíza fue una cacica taína que tenía su cacicazgo a orillas del río Cayniabón y que cambió su nombre a Luisa tras casarse con un conquistador.

El río Cayniabón es el actual Río Grande de Loíza, el más caudaloso de Puerto Rico, que forma el Lago Loíza en su ruta hacia el Atlántico.

Súbete un poco el colesterol en la Ruta de Lechón

Entre las cosas para hacer en Puerto Rico no puede faltar una visita a la Ruta del Lechón. Se encuentra en el municipio de Carey, en las afueras del pueblo de Guavate, a 51 km al sur de San Juan, en la zona central de la Isla.

Un tramo montañoso de unos 5 km de la Carretera 184, está bordeado de restaurantes rústicos al aire libre, cuya especialidad es el lechón asado a fuego lento.

Las piezas son colocadas enteras en una vara y puestas a fuego de brasa de leña o carbón vegetal por hasta 8 horas, por lo que el lechón se cocina crocante por fuera y tierno por dentro.

La Ruta del Lechón es un lugar de culto de los puertorriqueños aficionados al puerco y muchos turistas quedan prendados de la *pork highway*. También asan pollos enteros, por si el cerdo no es tu carne predilecta.

Qué hacer en San Juan Puerto Rico

Después de recorrer las atracciones históricas del Viejo San Juan, aún te quedan muchas cosas por hacer en la capital de Puerto Rico. En playas como Isla Verde, El Escambrón, Playa de la Ocho y Condado, disfrutarás del cristalino mar puertorriqueño y de excelentes tragos y botanas. Para una cena memorable, Mario Pagán Restaurant es de lo máximo en comida y servicio. Una noche de antros y bares en San Juan exige una parada en La Factoría, con los mejores cocteles artesanales de la ciudad y música caribeña para bailar.

Turismo interno en Puerto Rico

La isla principal de Puerto Rico es aproximadamente rectangular y mide 178 km de este a oeste y 63 km de norte a sur, por lo que es muy cómoda para el turismo interno. Si alquilas un auto, te recomiendo comprar una hielera portátil económica, ponerle agua y jugos para mantenerte hidratado, así como algunas meriendas, y lánzate a conocer la Isla. Para ahorrar gasolina, asegúrate de que los lugares que te interesan estén abiertos. En cualquier lugar de Puerto Rico en que te encuentres, tendrás una playa próxima o algo cercana.

Cómo hacer un road trip en Puerto Rico

Por sus cuatro lados y hacia el interior, Puerto Rico cuenta con excelentes rutas para hacer *road trips*. En la costa norte está la capital, San Juan, así como Carolina, Isabela, Manatí y Arecibo. En el extremo suroccidental del litoral sur se encuentra Cabo Rojo y luego, con rumbo este, se ubican Ponce, Guánica, Santa Isabel y Guayama. En la costa oriental se localizan Fajardo y Ceiba, mientras que en el corredor costero occidental destacan Mayagüez, Aguadilla y Aguada. Viajando al interior, hacia la Cordillera Central, encontrarás haciendas cafetaleras y pueblos pintorescos.

San Juan de Puerto Rico en un día

Un día es demasiado poco para San Juan de Puerto Rico, pero si solo dispones de este tiempo, te recomendaríamos que lo dediques, en primer lugar, a hacer un vuelo rasante por las principales atracciones del Viejo San Juan, como el Castillo de San Felipe El Morro, La Fortaleza, la Plaza de Armas y la Catedral. Después de este rápido recorrido, puedes optar entre almorzar en el Viejo San Juan o hacerlo en una playa cercana tras un chapuzón. Si te alcanza el tiempo, puedes hacer el viaje por la bahía para ir a la Fábrica Bacardí.

Playas de Puerto Rico

Puerto Rico tiene maravillosas playas, tanto en su isla principal como en las más pequeñas. Dos de las más famosas, Flamenco y Tortuga, están respectivamente en las islas de Culebra y Culebrita. En la isla de Vieques se encuentran Sun Bay, Bahía Mosquito, La Chiva y playa Negra. En la costa occidental destacan Crash Boat (Aguadilla) y Pico de Piedra (Aguada). En el litoral sur sobresalen las playas Santa (Guánica) y Tamarindo (Yauco), y en la costa oriental, Seven Seas (Fajardo). En la costa norte se encuentran El Escambrón, Isla Verde y Carolina (Zona Metropolitana de San Juan), así como Mar Chiquita (Manatí), Playa Jobos (Isabela) y Poza del Obispo (Arecibo).

Lugares turísticos de Puerto Rico área oeste

El sector oeste de la isla principal de Puerto Rico cuenta con fantásticas localidades turísticas, como Isabela (Playa Jobos, Túnel de Guajataca, Cara del Indio y Museo de la Cultura Isabelina), Aguadilla (El Parterre, Playa Crash Boat, Punta Borinquén) y Rincón (Playa Domes, Faro Punta Higueras). En el occidente puertorriqueño hay que visitar también Cabo Rojo (Playa Combate, Las Salinas, Faro Los Morrillos), Lajas (Parguera, Valle de Lajas), San Germán (casco colonial, museo del Convento de Santo Domingo de Porta Coeli) y San Sebastián (Museo de la Hamaca, Museo de Historia, haciendas).

Qué hacer en Puerto Rico en una semana

Asumiendo la llegada por el Aeropuerto Internacional Luis Muñoz Marín, de San Juan, habría que dedicar un día para conocer las principales atracciones del Viejo San Juan y de la capital puertorriqueña. Luego hay que destinar al menos dos días para un viaje hacia el este, recorriendo Fajardo y las bellas islas orientales, especialmente Culebra y Vieques. Continuando hacia el sur, otros dos días para pasar por Guánica, Ponce, Cabo Rojo, Mayagüez y la Bahía de Aguadilla. Un día para la costa noroccidental (Isabela, Arecibo, Manatí) y el día final para ir a la zona montañosa del interior y sus haciendas cafetaleras.

Dónde comer en San Juan

La capital de Puerto Rico, además de ser uno de los mejores lugares de América Latina para hacer negocios, también es famosa por los restaurantes. No debes preocuparte por dónde cenar en Puerto Rico, los mejores rincones irán apareciendo solos. Uno de los restaurantes que más disfruté y se los recomiendo por el sabor original de su comida y la buena atención fue "Raíces", un pequeño y sencillo local que se ha convertido en uno de los conceptos culinarios temáticos más originales, impactantes y exitosos de Puerto Rico y las Américas. No dejes de probar el mofongo, los tostones y el típico arroz con habichuelas, en cada bocado podrás deleitarte con el inconfundible sabor a isla. Disfrutarás además de un ambiente familiar durante almuerzo o cena. Un atento personal hace de nuestra visita una agradable experiencia que, de seguro, repetiremos. El restaurante está ubicado en Calle Recinto sur #315 y también tienen otro local en Caguas, en Avenida Pino H-31 Urb., Villa Turabo.

Recuerda que lo importante no es dónde comer en San Juan, sino qué comer en San Juan. Por eso, tienes que probar el plato más típico: mofongo.

Pero San Juan esconde otras muchas delicias gastronómicas no tan conocidas, ¿están dispuestos a descubrirlas? Espero entonces que disfruten estas recetas que a continuación les comparto.

Recetas con sabor
a Puerto Rico

Piña colada

Ingredientes

1 lata de leche de coco
1 lata de crema de coco
2 tazas de ron blanco (opcional)
3 tazas de jugo de piña

Preparación

Junto con mucho hielo, añada todos los ingredientes en la licuadora y tritúrelos. Una vez que el hielo esté completamente triturado, detenga licuadora y sirva el contenido en vasos altos. Decore con rodajas de piña, maras chino cherry (cereza) y una sombrilla de papel.

La Piña Colada es la bebida oficial de Puerto Rico. Su origen se remonta a la década del 20 del siglo XIX. Su autor, el pirata puertorriqueño Roberto Cofresí y Ramírez de Arellano, utilizaba para inspirar moral y valor a su tripulación un curioso brebaje que contenía coco, piña y ron blanco. Esta mezcla fue la receta de lo que posteriormente sería el famoso cóctel conocido como Piña Colada. Tras su muerte, luego de ser ajusticiado en 1825, la receta se perdió. Más de un siglo después, el barman del Hotel Caribe Hilton, descubrió la receta. El Hotel Caribe Hilton Puerto Rico asegura que su barman Ramón "Monchito" Marrero creó la Piña Colada el 15 de agosto de 1954 tras pasar tres meses perfeccionando la receta.

También hay un bar-restaurante en el Viejo San Juan, nombrado Barrachina, que aspira al mismo mérito, pues pretende adjudicarse ser la cuna de la Piña Colada, y cuenta la siguiente historia. En 1963, durante un viaje por América del Sur, el Sr. Barrachina se encontró con otro conocido barman, Don Ramón Portas Mingot, a quien invitó a trabajar en su restaurante. Mientras trabajaba como el principal barman en el Barrachina, Ramón mezcló zumo de piña, crema de coco, leche condensada y hielo en una batidora, creando una bebida deliciosa y refrescante, hoy conocida como Piña Colada."

Bacalaítos

Ingredientes

12 onzas de bacalao
2 tazas de harina de trigo
1 sobre de sazón con culantro y achiote
3 hojas de recao
2 dientes de ajo machacados
2-3 tazas de agua

Preparación

Primero, remojamos nuestro bacalao en agua por una tres hora para remover el exceso de sal. Luego escurrimos el agua, secamos el bacalao con papel de cocina y procedemos a desmenuzarlo. Después, añadimos una taza de agua junto con el sobre de sazón, el ajo, las hojas de recao, agregamos poco a poco la harina y mezclamos (la consistencia que buscamos es similar a la masa de los pancakes). Al lograr esa consistencia, probamos la masa y si falta un poco de sal, se la agregamos. Con la ayuda de una cuchara ponemos un poco de la mezcla en una sartén con aceite caliente y freímos. Por último, al pasar unos dos minutos le damos la vuelta a la mezcla para freírla por el otro lado y repetimos el proceso hasta acabar la mezcla. Finalmente, nuestros Bacalaítos puertorriqueños están listo para servirlos y disfrutarlos acompañados de la salsa o aderezo de tu preferencia.

Arroz mamposteado

Ingredientes

3 tazas de arroz
1 lata de habichuelas
jamón de cocinar
1 sobre de jamón en polvo
2 cucharadas de sofrito
1 sobre de sazón con culantro y achiote
2 dientes de ajo
1 cebolla mediana
Pimiento verde
1 cubito con sabor a res
2 pimientos dulces
1 ají dulce
Cilantro al gusto
1 hoja de recao
2 cucharadas de salsa de tomate
1 cucharadita de pasta de tomate
⅓ de plátano maduro
1 pizca de orégano

Preparación

Primero, picamos el pimiento dulce, ají, cebolla, ajos, pimiento verde, el jamón, cilantro y ⅓ del plátano maduro. Los ponemos a sofreír en una sartén grande y adicionamos una pizca de orégano seco y una cucharada de sofrito. Cuando los vegetales estén sofritos, añadimos las habichuelas con el líquido del pote y media taza de agua. También le agregamos los sobres de sazón y jamón en polvo, además echamos la salsa y la pasta de tomate, cocinamos a fuego medio por cinco minutos. Luego bajamos a fuego bajo por unos diez minutos más. Mientras se sofríen los vegetales, ponemos a cocinar el arroz a fuego alto en el agua hirviendo junto con el cubito de sabor a res y una pizca de sal. Cuando el arroz este casi seco, bajamos a fuego lento, lo tapamos y dejamos cocinar por unos diez a doce minutos. Ahora llegó el momento de mezclar el arroz con las habichuelas que cocinamos, el olor y sabor será espectacular. Por último, adicionamos un poco de cilantro para decorar y servimos.

Arroz con gandules

Ingredientes

2 tazas de arroz grano largo o el grano de tu preferencia
2 latas de gandules verdes o 2 libras de gandules, ablandados (no escurrirlos)
3 cucharadas de aceite de achiote o aceite de maíz
½ taza de jamón de cocinar (jamón york) cortado en cubitos
1 taza de masitas de cerdo, opcional
3 cucharadas de sofrito
½ cucharadita de orégano fresco, molido
½ cucharadita de comino en polvo
¼ taza de aceitunas
¼ taza de salsa de tomate
2 tazas de agua o menos dependiendo el tipo de grano de arroz que uses
Sal y pimienta al gusto
1 pimiento morrón
Cilantro o culantro al gusto
½ cucharadita de sazón con culantro y achiote, opcional

Preparación

Sofríe las masitas de carne de cerdo por aproximadamente siete minutos o hasta que se tornen rosaditas, agrega el jamón y dóralo. Seguidamente, agrega el sofrito, las aceitunas, la salsa de tomate, el culantro y el cilantrillo, el sobre de sazón, el comino, el orégano, los gandules, el líquido, tápalo y cuécelo por unos minutos. Incorpora el arroz, sazónalo a tu gusto, déjalo cocinar sin tapa hasta que comience a evaporarse el líquido, muévelo y mézclalo bien. Agrégale el pimiento morrón cortado en tiritas sobre el arroz y no lo muevas más, tápalo. Deja cocinar por quince minutos aproximadamente o hasta que el grano este completamente cocido.

Si deseas darle un toque o gustito apastelado al arroz con gandules puedes rallar ½ plátano o guineo verde y agregárselo al guiso antes de incorporar el arroz, también puedes colocar una hoja de plátano bien limpia sobre el arroz, después de moverlo. Pero antes deberás limpiarla bien y pasarla por la hornilla o una superficie caliente para amortiguarla o sellarla.

Mofongo

Ingredientes

2 tazas de aceite vegetal
4 plátanos verdes
4 dientes de ajo
4 cucharaditas de aceite de oliva
1 libra de chicharrón crujiente
Sal y pimienta al gusto

Preparación

Calienta el aceite vegetal a fuego medio alto. Pela y corta los plátanos en rodajas de 1 ½ pulgadas aproximadamente. Fríe los plátanos por diez minutos aproximadamente o hasta que adquieran un color amarillo oscuro. Asegúrate de voltearlos a la mitad del tiempo para que se fríen por ambos lados. Coloca los plátanos en un papel toalla para escurrir y secar. En un pilón (mortero) machaca tres piezas de plátano con una cucharadita de aceite de oliva, un diente de ajo y unas piezas del chicharrón. Agrega una pieza más de plátano y un poco más del chicharrón, y machaca de nuevo. Retira la mezcla del pilón y con ayuda de tus manos o con un recipiente dale forma de media esfera (redonda con fondo plano). Repite pasos cinco a siete para cada porción.

Chuletas Can Can

Ingredientes

4 chuletas de cerdo can can
1 cucharada de Pimienta
Sal al gusto
1 cucharada de orégano
1 pizca de Pimienta
1 cucharada de comino
1 cucharada de Ajo en polvo
Aceite
1 cucharada de paprika.

Preparación

¡Vamos a preparar las mejores y más crocantes chuletas can can! Como primer e importante paso, les haremos un corte peculiar en todo su lado de la grasa para que, a la hora de freír. quede abierto (de esto deriva lo característico de este tradicional platillo). Sazonamos las chuletas con el comino, sal, ajo en polvo, paprika, pimienta y un toque de aceite. Es importante dejar reposar un par de horas, para que la carne absorba todos los sabores y aromas de nuestras especias. En una sartén grande, con suficiente aceite, vamos a freír cada una de nuestras chuletas (recuerda que tienen que estar doraditas por ambos lados). Esto puede tardar entre cinco a ocho minutos dependiendo del calor del aceite. En una bandeja colocamos papel absorbente y vamos a poner cada una de las chuletas para retirar el exceso de aceite. ¡Listo! Ya tenemos estas majestuosas chuletas can can al estilo boricua para que las acompañes con arroz y aguacate.

Alcapurrias

Ingredientes

10 guineos (bananos) verdes
2 libras de yautía (malanga)
Aceite de achiote
2 libras de carne molida
1 cebolla
Sofrito al gusto
1 pimiento verde
2 ajos molidos
Aceite para freír
Sal y pimienta al gusto

Preparación

En una olla pondremos a calentar aceite para sofreír el ajo molido, la sal y pimienta al gusto, para después adicionar la carne molida. Cuando la carne tenga unos diez minutos de cocción, añadimos cebolla y pimiento picado para tener un olor y sabor excepcional. Mientras la carne se cocina, pelaremos los guineos verdes y la yautía partida en trozos. Estos trozos los guayamos (rallamos) o los ponemos en el procesador de alimentos para preparar la masa. Si usamos un guayo, elegiremos la parte más fina para que la masa quede perfecta. Luego, agregamos sal y aceite de achiote a la masa para mezclarlo bien hasta que alcance el color que deseamos. Después, procedemos a elaborar la alcapurria: en una hoja de almendro o de papel para pastel colocamos dos cucharadas de la masa. Nos aseguramos de hacer un hueco en la masa para poner allí la carne molida, cubrimos la carne con la misma masa y la ponemos a freír en aceite caliente. Por último, sacamos la alcapurria y la ponemos sobre papel toalla para que absorba el exceso de aceite.

Pastelón

Ingredientes

6 plátanos maduros
⅓ taza de aceite vegetal + 2 cucharadas
2 libras de carne molida
1 cucharadita de orégano seco
½ cucharadita de comino en polvo (o al gusto)
Sal y pimienta al gusto
2 cucharadas de sofrito
2 cucharadas de pasta de tomate
1 sobre de sazón
⅓ taza de aceitunas verdes rellenas con pimiento
1 taza de quesillo o queso mozzarella rallado (opcional)
4 huevos ligeramente batidos

Preparación

Pela los plátanos y corta en tajadas a lo largo. Calienta ⅓ taza de aceite en una sartén y fríe los plátanos hasta que estén bien doraditos. Escurre en papel toalla y reserva. En otra sartén calienta una cucharada de aceite restante (restante) y sofríe la carne hasta que tome color. Sazona con el orégano, comino, sal y pimienta al gusto. En otra sartén con la cucharada extra de aceite sofríe el sofrito con la pasta de tomate, el sobre de sazón, las aceitunas. Incorpora la carne cocida y termina la cocción. Corrige la sazón hasta que quede a tu gusto. Reserva. Precalienta el horno a 350°F. Cubre un molde rectangular con mantequilla. Bate los huevos con sal y pimienta y vierte la mitad en el fondo del molde. Luego, haz una capa de plátanos maduros fritos. Encima distribuye el queso rallado. Después, coloca toda la carne y tapa con otra capa de maduros fritos. Termina con el resto del huevo batido. Hornea por 25 minutos. Retira del horno y deja reposar por unos 15 minutos antes de cortar.

Puedes cubrir la superficie del pastelón con queso rallado y hornear hasta que el queso esté burbujeante y dorado. En vez de dos capas de maduro puedes hacer tres capas y agregar queso rallado sobre cada capa de plátanos.

Lechón asado

Ingredientes

Ingredientes de aderezo para un cerdo de 100 libras
2 tazas de ajo machacado
1 taza de orégano seco
1 taza de pimienta negra
¾ taza de sal
7 tazas de aceite de achiote

Preparación

Mezcle todos los ingredientes en una licuadora. Hágalo con un día de anticipación y refrigérelos. Usa agua caliente y una cuchilla de afeitar afilada para eliminar los pelos que se hayan quedado durante el proceso en la carnicería. Corta muchas ranuras en la carne para luego condimentar. Lava bien tu cerdo por dentro y por fuera. Luego lávalo con vinagre y sécalo. Sazonar bien el cerdo (usa muchos condimentos en las hendiduras por dentro y por fuera). El cerdo debe ser sazonado 24 horas antes. Los mejores cerdos están en las 120 libras aproximadamente. Si vas a tener una actividad grande, prepara dos cerdos. Un cerdo de 90 libras puede alimentar a 40 personas. Cuando hagas tu orden, pide al carnicero que deje el cerdo entero, limpio y haciendo una abertura longitudinal desde las patas traseras hasta las patas delanteras, e incluya, además, la cola, las orejas y los pies. Pide que lo limpie por dentro y por fuera, y que le remuevan todo el pelaje.

Incrusta el poste o la vara a través del cerdo y adhiérelo usando alambre fino. Prensa la carne con alambre y entrecruza todo el cerdo. Átalo bien o se deslizará cuando lo gires. Algunas personas lo atan justo antes de cocinar. Guarda el cerdo en hielo lo mejor que puedas (pruebe una bañera o tina con hielo). Asegúrate de dejarlo en un lugar seguro donde los niños y los animales no puedan acceder a él. Debes tener suficiente condimento para continuar condimentándolo mientras lo asas. Usa carbón que no tenga líquido para encendedor agregado porque la carne adquirirá mal sabor.

Apila aproximadamente 10 lbs de carbón, agrega líquido y flama del encendedor. Deje que los carbones se quemen unos 20 minutos hasta que estén calientes y blancos. Cuando el carbón esté listo, extiéndelo con una pala y formar un anillo para que no haya carbón directamente debajo del cerdo.

La grasa del cerdo producirá llamas que pueden quemar la carne. Cubre la cola y las orejas con papel de aluminio. No permitas que el cerdo se ponga dorado al principio, porque eso significa que el fuego está demasiado alto. Necesitas cocinarlo lentamente desde adentro hacia afuera. Cada 30 minutos agrega suficiente carbón para mantener las brasas encendidas. Nuevamente, ¡el cerdo necesita cocinarse lentamente! Mueve el cerdo cada 15 minutos o más aplicando la brocha con aderezo sobre la marcha. El tiempo de cocción varía, pero es, aproximadamente, de seis a ocho horas, dependiendo del tamaño del cerdo. Planea comenzar temprano en la mañana. Alguien debe estar mirando al cerdo para evitar desastres como que se prenda en fuego o se apaguen las brasas, etc. Cocinar el cerdo es parte de la diversión y de las festividades. Tradicionalmente a los puertorriqueños les gusta llegar temprano para estar allí, prestar ayuda o simplemente disfrutar del ambiente. Debes proporcionar a los cocineros música, pitorro, café o lo que sea que los mantenga contentos. Prepárate para el mal tiempo. Si el clima está frío, lo ideal es utilizar una parrilla de asador grande al aire libre (eléctrica) o hacer un horno improvisado al aire libre con bloques. Cubre tu cerdo con un montón de papel aluminio para mantenerle el calor adentro. Si llueve, necesitarás una carpa para el cerdo y los alegres cocineros.

Asador para el cerdo

Puedes construir un asador. Para ello usa bloques de cemento de bajo costo. Necesitarás aproximadamente 50 bloques. Coloca cuatro bloques a lo largo, dos de ancho y 4 alto. Coloca los bloques finales dentro de las paredes largas. Deberías dejar una abertura en una de las paredes cortas para agregar carbones. Tendrás que cubrir tu cerdo con papel de aluminio en la parte superior para mantener el calor adentro. Si deseas completar el cerdo más rápido, córtalo por la mitad y ásalo de esa manera. Puedes construir una parrilla usando tubos delgados y tela de verjas (cyclone fence). Haz una parrilla de dos lados para que simplemente puedas dar la vuelta y asegúrate de atar el cerdo con alambre fino. En el último segmento del asado pon el lado de la piel del cerdo hacia abajo para que quede tostado y crujiente.

Cómo cortar tu lechón

Primero deja que el cerdo repose durante 20 minutos antes de comenzar a cortarlo. Esto tiene la finalidad de dejar que los jugos sean absorbidos por la carne y así esté húmeda y jugosa. Coloca el cerdo en una mesa. Asegura el cerdo con un tenedor grande y separa las patas traseras, cortando desde la parte delantera de la caña hacia la cola. Corta las patas delanteras cortando desde el hombro donde se une a la pierna. Rebana detrás del omóplato a aproximadamente una pulgada detrás de la oreja. Luego corta hacia abajo para cortar la pierna. Coloca el cerdo (menos las patas) sobre su estómago. Haz una incisión a lo largo de la columna vertebral, presionando el cuchillo hasta el hueso. Presiona la parte posterior de la horquilla de trinchar sobre el lomo y corta, manteniendo la hoja del cuchillo contra las costillas para separar el lomo en una sola pieza. Corta cada lomo transversalmente en pedazos de aproximadamente tres pulgadas de ancho. Corta a través de la articulación de la rodilla para dividir la pierna en dos, luego corta el muslo en rodajas finas, sosteniendo el cuchillo paralelo al hueso. Corta el otro lado del cerdo de la misma manera. Sirve el cerdo a tus comensales.

En Puerto Rico solían asar los cerdos a la vara; al aire libre incrustado en un palo sobre un rústico asador. Igual se improvisaba un horno con una parrilla en un asador grande con bloques, dividiendo el cerdo por la mitad y extendiéndolo para una cocción más rápida.

Coquito puertorriqueño

Ingredientes

2 tazas de leche de coco
1 (8.5 oz) lata de crema de coco
1 (12 oz) lata de leche evaporada
1 (14 oz) lata de leche condensada
1 cucharada de vainilla
2 ramitas de canela
Ron blanco al gusto

Preparación

Mezcla los ingredientes líquidos en una la licuadora. Añade las ramitas de canela, divide en las botellas o en una jarra de cristal con tapa. Ponlo a enfriar en la nevera por más de dos horas, sirve bien frío. Si deseas, lo puede espolvorear con un poco de canela o chocolate rallado.

El Coquito es un licor típico de la Navidad en Puerto Rico. Sus ingredientes básicos son la leche de coco, crema de coco, ron blanco, leche evaporada, leche condensada, canela y vainilla. Es posible encontrar recetas con otros ingredientes como brandy y huevo (con este último se le conoce también como ponche). Se sirve bien frío. Por ser un licor se puede tomar solo, después del postre, o durante los entremeses en las fiestas. La Navidad boricua no sería igual sin este cremoso licor preparado en casa.

Tembleque

Ingredientes

1 (13.5 oz) lata de leche de coco
1 (15oz.) lata de crema de coco
1 taza de agua
2/3 taza de maicena (fécula de maíz)
½ taza de azúcar
1 ramita canela
3 clavitos dulces (clavos de olor)
1 pizca de sal

Preparación

Mezcla bien la leche de coco, crema de coco, el agua y las especias con la sal. Ponlo a fuego mediano y muévelo constantemente hasta que hierva. Retira las especias (canela, clavitos) añade azúcar y mezcla bien hasta que se diluya, luego y añádele la maicena (diluir antes en un poco de agua); cocinar a fuego mediano hasta que hierva y espese. Retíralo del fuego y échalo en un molde o en copas. Si lo haces en el molde, cuando ya esté frío vértelo en un plato o bandeja y espolvoréalo con canela.

Este delicioso postre nació en Puerto Rico y es un deleite tanto para la vista, como para el paladar. El tembleque es un postre que comemos mucho, sobre todo en la época Navidad. Su delicado sabor a coco junto con el de las especias dan ese toque especial que a tantos gusta.

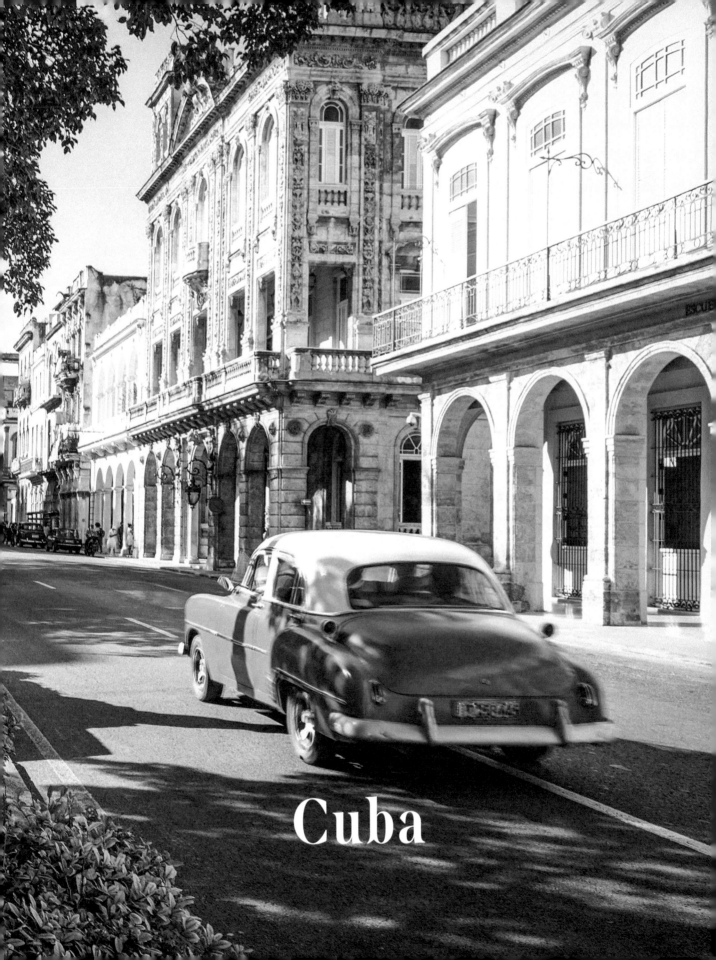

Cuba

Prólogo

La cocina criolla cubana: Patrimonio Cultural de la Nación

Nadie pondría en duda que la cocina es uno de los pilares sobre los que se asienta la cultura de una nación. Ese sostén, que forma el alma espiritual y material de Cuba, posee una larga historia, atesorada por saberes y prácticas que nacieron desde los aborígenes hasta las sucesivas oleadas migratorias de españoles, africanos, árabes, y tantos otros que llegaron a la Isla con sus costumbres y hábitos alimentarios, y forjaron una herencia que dibujó el mapa de la cocina criolla en más de cinco siglos de existencia.

Fue precisamente el funche que comían los esclavos asentados aquí, lo que dio lugar al plato más internacional y con mayor tradición de la cocina cubana: el ajiaco criollo: ese gigantesco caldero con ingredientes tan diversos como yuca, plátanos verdes y pintones, cebolla, ajíes, ajos, tomates, comino, sal, limón, ñame, malanga blanca y amarilla, boniato, calabaza, maíz

tierno y lo fundamental, tres clases de carne: tasajo, falda de res y costillitas de cerdo, que permitió al sabio cubano Don Fernando Ortiz utilizarlo como original concepto para definir la amplia y rica diversidad de culturas y razas asentadas en la mayor isla del Caribe: "Cuba es un inmenso ajiaco". De entonces a acá, el mejunje formado por componentes de tantas naciones que confluyeron en el devenir de la nación, forjó la rica herencia culinaria cubana, cuyas raíces la han convertido en patrimonio cultural e identidad.

Junto al ajiaco y el casabe —alimento indispensable de los aborígenes cubanos—, ingresaron al amplio recetario del país otros platos, como el tamal en cazuela y en hojas, el fricasé, las viandas hervidas con mojo, la harina de maíz, el cerdo asado y la masa de cerdo frita, la ropa vieja, el guarapo, el café, el aliñao. Estas y otras preparaciones dieron origen a la primera versión del libro *30 platos emblemáticos de la cocina cubana,* que de manera preliminar agrupó las recetas y elaboraciones más contentivas y difundidas de la auténtica cocina criolla, llevadas de la mano por renombrados chefs del país.

Tal vez la cultura culinaria del cubano no sea muy vasta ni experimentada. Una inmensa mayoría no podría diferenciar la comida tradicional de la de vanguardia y la gourmet no goza de aceptación mayoritaria, tal vez por aquello de que al cubano siempre le ha gustado ver el plato lleno; pero si de algo estoy seguro, es que se conoce muy bien nuestra comida criolla y con ella la familia se recrea, inventando, creando recetas y buscando maneras nuevas y diferentes de presentar los platos.

Se puede decir que la comida criolla, como otras tradiciones en cualquier lugar del mundo, son esencias de la idiosincrasia de un pueblo que mezcla salado con dulce y seco con mojado, logrando combinaciones exquisitas de sabores que dan un toque peculiar y un gusto inigualable.

Los emigrados cubanos en cualquier país donde habiten, añoran la mesa de sus ancestros, se deleitan con los platos y las recetas de la familia, y la nostalgia por compartirlo con amigos y conocidos, hace que la rica cocina de abuelos y padres siempre siga viva.

La mesa es un espacio social para el intercambio cultural y la interacción de actores diversos, por eso la aprobación de un menú provoca satisfacción y regocijo en los anfitriones, lo que sin dudas ha formado parte de una tradición familiar que puja por no perderse.

La cocina criolla cubana, sus prácticas y saberes asociados, fue declarada Patrimonio Cultural de la Nación el 18 de octubre de 2019, en el acto de clausura del VII Festival Culinario Internacional, Culinaria 2019, lo que ha significado un reconocimiento de extraordinaria significación para el gremio y el orgullo de ser parte de la identidad cultural del país.

El amplio despliegue de nuestra Federación Culinaria de Cuba a lo largo de 40 años, ha permitido alcanzar mayor visibilidad y posicionamiento internacional. Tenemos el privilegio de contar con una Casa Editorial propia: Artechef, que de manera ininterrumpida durante seis años ha producido más de 50 títulos y 16 ediciones de su revista de igual nombre, los cuales, sin dudas, han sido instrumentos de promoción de la cocina cubana. La calidad de sus productos editoriales, tanto en contenido como en diseño e impresión, le ha valido la obtención de premios en varias ediciones de los célebres Gourmand y con ello colocarse en el *ranking* mundial del mundo editorial.

Chef Eddy Fernández Monte
Presidente
Federación Culinaria de Cuba
La Habana, Cuba

Cubita la bella, siempre en mí...

La gastronomía de Cuba es una fusión de las costumbres taínas, la cocina española, la africana y la caribeña. Las recetas cubanas comparten las sabidurías de la combinación entre las especies y las técnicas heredadas de los nativos taínos y, posteriormente, combinadas con la cocina española y africana, con ciertas influencias caribeñas en especies y sabores.

A la llegada de los europeos, los nativos cosechaban tubérculos tales como la yuca y el boniato o batata. Otras plantas que formaban parte del conuco (campo cosechado en las villas indocubanas) eran el maíz, la calabaza y el quimbombó. Entre las frutas originarias de la Isla se menciona, desde tiempos pretéritos, entre otras, la guayaba. Entre las especies es muy importante mencionar el ají, nombre de origen taíno con el cual se le llaman en Cuba a los pimientos, ya sean dulces o picantes. La lista más amplia se encuentra dentro de los cárnicos, ya que era muy usual el consumo de especies marinas como tiburones, lisas, manjuaríes, careyes, kawamas (caguamas), cobos, rabirrubias y chernas. Especies de agua dulce como la jicotea y la biajaca, también eran muy consumidas, así como aves y reptiles de gran tamaño como las iguanas y el cocodrilo cubano yzeus.

Los colonizadores españoles adoptaron todos los elementos descritos y hasta hoy subsisten en algunas regiones platos antiguos como el casabe y el ajiaco. Posteriormente, se fueron integrando a la dieta cubana las legumbres, el arroz y cítricos tales como la naranja y el limón. También se sumó el ganado vacuno y porcino.

Los esclavos africanos incorporaron algunos de sus alimentos, en el especial el ñame (una especie de tubérculo).

En época precolombina, el clima tropical caribeño favoreció una exuberante naturaleza, de la cual, los antiguos taínos obtenían muy diversos alimentos. Basaban su dieta en vegetales como la yuca, el ají, el boniato, el maíz, la calabaza o el maní; en frutas como la guayaba, la piña, el anón, los icacos o el mamey;

y en animales como la jutía, el manatí, el manjuarí, la iguana, la tortuga, aves y moluscos. Todos estos alimentos de la Isla fueron descubiertos cuando los navíos de Cristóbal Colón llegaron en 1492. Los europeos describieron cómo los taínos poseían utensilios de cocina, como cazuelas de barro o guayos, con los que se raspaba la yuca para hacer casabe.

Cuba es internacionalmente conocida por sus raíces, sus tradiciones y su hermosa cultura. Como en muchos países, uno de los elementos más representativos de la forma de vivir y pensar del cubano, es su comida. La gastronomía cubana no solamente es en sí misma un atractivo turístico, sino que es reconocida internacionalmente. Es un legado de historia e identidad nacional. Es una parte imprescindible de su cultura.

Cuba es una verdadera fiesta sensorial. Su música, sus colores, su enorme diversidad racial son algunos de los muchos elementos que la convierten en uno de los destinos turísticos preferidos del mundo. Sin embargo, su comida se lleva las palmas. La cocina cubana integra elementos muy variados y distintos con técnicas e ingredientes propios de la cocina española, la africana, la francesa, la china, y por supuesto, la aborigen.

De Europa viene no sólo el trigo, también los cítricos -traídos, a su vez, del Medio Oriente-, el cerdo y muchas aves de corral. De Asia llegan el arroz y, posteriormente, una horda de inmigrantes trabajadores chinos, que también imprimirían su huella en la comida de la Isla. Con los esclavos africanos llega el plátano, una de las comidas más nutritivas de las que se disponía para que soportaran las largas e inhumanas jornadas de trabajo en los ingenios azucareros. Con la influencia francesa viene un aumento en la importancia del consumo del café y la llamada estilización de la comida cubana.

La antigua tradición de la comida cubana

Así como las provincias tienen sus diferentes tradiciones, también tienen sus diferentes formas de cocinar los platos típicos. Los cubanos no cocinan con picante, su forma preferida de cocción es lo frito. El cubano gusta de mezclar lo dulce y lo salado, y muchos de sus platillos típicos combina frutas dulces como el plátano con alimentos salados. En los últimos años, y debido, en parte, al desabasto de su revolución, el cubano les agarró gusto a alimentos ricos en harina como los espaguetis y pizzas.

Para los estándares actuales, la comida cubana puede parecer demasiado grasosa y nutritiva, pues utiliza muchos cárnicos y gusta de lo frito, El cubano no almuerza ligero, siempre come caliente y vasto, sin importar el clima. Entre comidas gusta de las golosinas típicas y del café. La comida de calle o de venta afuera de los locales para llevar, es muy popular y se le llama "cajitas".

El cubano basa su alimento diario en el arroz, los frijoles, algún tipo de carne y algo frito, de preferencia plátanos o yucas, tampoco pueden faltar las ensaladas. También el pan se ha vuelto de principal importancia en su mesa. Aunque también el sistema impuesto después de 1959, ha variado la costumbre ancestral del cubano de preferir la cocina del día y utilizar el refrigerador solo para conservas pocas cosas, ya que los alimentos siempre se han preferido lo más frescos que se pueda. En los campos cubanos, muchas familias han gustado de criar sus aves de corral y las que pueden hasta sus propios cerdos. Pero sin dudas, la revolución con sus malas estrategias económicas, la falta total de libertad y el desabastecimiento, produjo un profundo y triste cambio en la alimentación del pueblo, que se ha visto obligado a asumir una mesa más austera. Los cubanos mayores recuerdan con mucha melancolía las épocas de bonanza, que, por lo general, van más atrás de 1959.

Puede decirse que la base de la comida cubana es la cocina española, ya que aportó infinidad de ingredientes y formas muy variadas de prepararlos. Sin embargo, debido a la dificultad de conseguir algunos de los ingredientes de los platos típicos españoles en Cuba, los criollos fueron poco a poco introduciendo nuevos elementos autóctonos de su país. Como ya se ha dicho, la cocina en Cuba también ha tenido una fuerte influencia africana, pues durante la época de la esclavitud, los cocineros solían ser esclavos. Esta influencia marcó mucho a la forma de preparar los platos y, también, aportó nuevos ingredientes, como por ejemplo el ñame. Cuba recibió miles de inmigrantes chinos, los cuales aportaron asimismo su granito de arena a la gastronomía cubana. En este caso, el elemento más destacado de sus aportaciones fue la guinda. Todas estas influencias han proporcionado a la cocina cubana una identidad propia, única en el mundo. Cabe señalar que en la Isla, el significado de las palabras "sandwich" y "bocadillo" es inverso, por lo que si deseas comer un "bocadillo", deberás pedir un "sándwich" y, al revés.

Algunas especialidades de la gastronomía cubana

El congrí: está compuesto por frijoles colorados, carne de cerdo, chicharrones, tocino y arroz.

Moros y cristianos: es arroz con frijoles negros estofados.

Lechón: cría de cerdo. Se sirve asado o frito.

Yuca con mojo: yuca cocinada con una salsa hecha con aceite, ajo, sal, pimienta y limón.

Ajiaco: es una especie de ragú de tasajo y carne salada acompañada con vegetales, maíz, plátanos verdes, papas, etc.

Langosta enchilada: se trata de un plato típico que solo comen los turistas.

Tostones: trozos de plátano verde aplastados y fritos.

Tasajo a la cubana: carne seca y guisada. Se sirve con abundante salsa.

Tamal en cazuela con mariscos: se trata de un guiso de tamal y mariscos con salsa bastante condimentada.

Ropa Vieja: vegetales con carne.

Bebidas en Cuba

Cuba es el paraíso de los cócteles. Aquí los afamados mojitos, ron collins, daiquirís y piña colada se consumen a diario. El rey de las bebidas alcohólicas es el ron, una bebida nacional que ha conseguido fama mundial. Existe una gran cantidad de marcas de ron, cada una de ellas, incluso, tiene diferentes gamas y calidades. La más destacada es Havana Club; pero también están bien valoradas Caribbean Club, Matusalén, Caney, RonV.C., Varadero, Bucanero, Bocoy y Paticruzado. Hay que destacar el Ron Santiago, de 15 años, el cual solo se encuentra en la ciudad de Santiago de Cuba.

Los licores de ron y frutas son deliciosos, y en Cuba no solo son utilizados para beber, también se utilizan para condimentar macedonias y ensaladas de frutas.

Es importante mencionar que la graduación cubana del alcohol es diferente a la internacional. En la letra pequeña suele poner el equivalente a la europea. Por ejemplo, una bebida de 12º cubana es equivalente a una 5, 5º en España.

Cuba también es famosa por preparar unos excelentes zumos o jugos de frutas tropicales. El jugo de caña, el de guarapo y el agua de coco son los más populares de la Isla.

En cuanto a refrescos, las palmas se las lleva Tropi-cola, una especie de coca-cola nacional mucho más dulce. Otros refrescos corrientes en la Isla son la soda de limón o de naranja y la malta Caracas, procedente de Venezuela.

Tradicionalmente, el café cubano es realmente espeso y concentrado. Suele servirse en pequeñas cantidades.

En honor a la verdad

Si bien los libros superan el momento para asentarse en la historia, con este no he podido (ni he querido) extenderme en el capítulo dedicado a Cuba, mi país. Muchas de las tradiciones y distinciones de la cocina cubana se han ido perdiendo o se han tenido que reacomodar a una realidad marcada por el desabastecimiento total.

Los turistas que viajan a la Isla, pueden disfrutar de un buen plato cubano a un elevadísimo costo, también a una bebida de excelencia, pero esta no es la realidad de un pueblo que necesita sortear diariamente un sinfín de dificultades para llevar alimento a la mesa. No obstante, la familia cubana siempre busca imprimirle a su comida, al menos el encanto de hacerla con amor. Esta situación, unido a la falta de libertad que sufre desde hace décadas la nación cubana, ha impulsado una ola migratoria que no se detiene. Adondequiera que vayan, los miles y miles de emigrantes cubanos (entre los que me cuento), siguen llevando consigo esa tradición única de su cocina para asentarla en sus nuevos lugares de residencia y hacerla crecer, siempre con la nostalgia y la añoranza por la tierra que nos vio nacer, y para la que queremos libertad.

Recetas con
sabor a Cuba...

Tamal en cazuela

Ingredientes

3 tazas de maíz tierno molido
1 lb de carne de cerdo
½ taza de aceite
¾ taza de salsa criolla
½ cdta. de comino molido (opcional)
9 tazas de caldo de ave, res o el caldo resultante de hervir las tusas
½ cdta. de pimienta blanca molida
2 cdtas. de sal

Preparación

Mezclar el maíz con el caldo a temperatura ambiente. Pasar por un colador chino. Cortar la carne de cerdo en trozos de 4 cm. Sazonar con sal y pimienta. Sofreír en aceite caliente hasta que dore. Añadir la salsa, el comino, el resto de la sal y la pimienta. Cocinar hasta que ablande. Agregar la mezcla de maíz con el caldo y cocinar a fuego lento hasta que cuaje. Revolver constantemente con cuchara de madera o acero inoxidable, para evitar que se pegue en el fondo. Servir caliente en pozuelo, plato hondo o cazuela de barro.

Consejo: Utiliza el sofrito del sembrador para esta receta, recuerda descongelarlos previamente.

Tamal en hojas

Ingredientes

3 tazas de maíz tierno molido
½ lb de carne de cerdo (barrigada)
¾ taza de aceite
½ taza de salsa criolla
½ cdta. de comino molido (opcional)
1 cda. de sal
2 cdtas. de sal para el agua de la cocción

Preparación

Cortar la carne de cerdo en dados pequeños. Sazonar con sal. Sofreír en aceite caliente hasta que dore y cocine bien. Adicionar la salsa criolla y cocinar dos minutos más. Mezclar con el maíz. Verter pequeñas porciones de la mezcla en las hojas de maíz previamente seleccionadas. Amarrarlas (con tiras de las mismas hojas de maíz) y cocinar en agua hirviente con sal durante una hora aproximadamente.

Recomendación: Utiliza el sofrito del sembrador para esta receta, recuerda descongelarlos previamente.

Ajiaco

Ingredientes

¼ lb de tasajo
½ lb de cabeza de cerdo
1/8 lb de tocino
1 plátano pintón pequeño
1 malanga mediana
1 yuca mediana
1 mazorca de maíz tierno
½ taza de calabaza en dados
1 boniato mediano
6 cdas. de salsa criolla
2 cdas. de aceite vegetal
8 tazas de agua (2 L) 1 cdta. de sal

Preparación

Remojar y desalar el tasajo durante doce horas aproximadamente. Limpiar bien la cabeza de cerdo, cortar en pedazos y cocinar para obtener el caldo. Colar, extraer las masas y cortar en dados. Poner a cocinar el tasajo desalado en el caldo anterior, durante 30 minutos. Retirar y cortar en dados. Verter en el caldo sin retirar del fuego primeramente el maíz cortado en rodajas. Dejar cocinar unos 15 minutos. Agregar las viandas cortadas en dados de 3 a 4 cm -por orden de dureza: yuca, ñame, malanga, boniato plátano y calabaza-, hasta que ablanden. Dorar el tocino ligeramente en grasa. Mezclar con el tasajo, las masas de cerdo y la salsa criolla. Agregar al ajiaco, puntear de sal y dejar cocinar 10 minutos más. Servir en cazuela de barro o plato hondo.

Recomendación: Puedes utilizar las mazorcas de maíz del sembrador, incluso ellos cuentan con las viandas listas para elaborar un ajiaco, la yuca congelada es excelente también.

Potaje de Frijoles negros

Ingredientes

1 lb de frijoles negros
 4 ajíes cachucha
3 dientes de ajo
1 cebolla mediana
2 hojas de laurel
½ cdta. de comino
½ cdta. de orégano
(3 g) 1 cdta. de azúcar
3 cdas. de aceite vegetal
3 tazas de agua
4 cdas. de vino seco
1 cdta. de sal

Preparación

Escoger, lavar y remojar durante seis horas los frijoles. Cocinar con la propia agua del remojo durante 45 minutos. Agregar el laurel, la mitad de la cantidad de ají, ajo y cebolla, limpios y cortados irregularmente, reservando el resto para su uso posterior. Cuando los granos estén blandos, agregar el resto de los vegetales cortados en jardinera y el ajo cortado finamente, sofritos en aceite y las especias secas. Cocinar a fuego lento durante 25 minutos aproximadamente. Puntear con sal. Agregar el azúcar y aromatizar con el vino seco. Servir en fuente sopera o plato hondo de loza o barro.

Recomendación: El mejor frijol negro lo tiene el sembrador, se cocinan super rápidos y son excelentes para esta receta.

Arroz Moro

Ingredientes

1½ tazas de arroz
¼ taza de frijoles negros
4 tazas de agua
⅛ lb de tocino ahumado
1 cebolla mediana
2 cdas. de aceite
1 ají pimiento verde pequeño
1 cdta. de orégano molido
1 hoja de laurel
4 dientes de ajo
¼ cdta. de comino molido
2 cdta. de sal

Preparación

Escoger y lavar los frijoles. Ponerlos en remojo con el agua indicada, durante seis horas, en refrigeración. Ablandar a fuego moderado con la misma agua del remojo. Picar el tocino en jardinera. Pelar y picar la cebolla y los ajíes en jardinera, y el ajo finamente. En recipiente adecuado sofreír en aceite caliente el tocino, el ajo, la cebolla y el ají. Adicionar orégano, comino y laurel. Incorporar el arroz, previamente escogido y lavado. Rehogar. Agregar los frijoles blandos y el caldo de la cocción (dos tazas aproximadamente, según el tipo de arroz). Puntear con sal. Revolver. Cocinar hasta que seque. Bajar el fuego y cocinar 20 minutos más. Servir en fuente o porciones individuales.

Recomendación: El mejor frijol negro lo tiene el sembrador, se cocinan super rápidos y son excelentes para esta receta.

Masas de cerdo fritas

Ingredientes

3 lb de carne de cerdo limpia (1,4 kg)
5 dientes de ajo (10 g)
½ taza de zumo de naranja agria (120 ml)
1 taza de manteca de cerdo (240 ml)
½ cdta. de pimienta negra molida (3 g)
2 cdtas. de sal (10 g)

Preparación

Cortar la carne de cerdo en dados de 5 cm. Adobar con sal y pimienta. Colocar en un recipiente de fondo grueso, con la grasa no muy caliente, hasta que ablanden. Aumentar el volumen del fuego para que doren. Sacar las masas y pasar a otro recipiente. Pelar y machacar los ajos, mezclar con zumo de naranja agria y añadir 3 cucharadas de manteca caliente. Con esta preparación rociar las piezas de carne en el momento de presentar. Servir acompañada con diferentes opciones de preparación como son: arroz blanco y frijoles negros, de moros y cristianos o de congrí, yuca con mojo, plátanos tostones, etcétera.

Recomendación: Este plato es excelente acompañarlo de la yuca del sembrador, la cual se ablanda rápidamente y es un producto de muy buena calidad.

Pierna de cerdo asada

Ingredientes

5 lb de cerdo (pierna) (2,3 kg)
1 taza de zumo de naranja agria (240 ml)
10 dientes de ajo (20 g)
1 cda. de orégano (15 g)
1 cdta. de comino (5 g)
2 hojas de laurel (5 g)
½ cdta. de pimienta negra molida (3 g)
2 cdas. de aceite (30 ml)
1 cda. de sal (20 g)

Preparación

Preparar un mojo de ajo, sal, pimienta, orégano, comino, hojas de laurel y zumo de naranja agria. Adobar el cerdo como mínimo 12 horas. Colocar el cerdo en la tártara. Poner en el horno caliente, entre 160 °C y 170 °C. Verter el mojo por encima poco a poco. Cocinar durante una hora y media. Transcurrido este tiempo virar la pierna y rociar con mojo. Continuar la cocción una hora más. Pelar y machacar los ajos, mezclar con zumo de naranja agria y añadir 30 g de aceite caliente. Lasquear la carne y rociar con el mojo de ajo. Servir acompañada de vianda hervida bañada con la salsa resultante y moros y cristianos o congrí.

Picadillo a la criolla

Ingredientes

1½ lb de carne de res
1¼ taza de salsa criolla
2 cdas. de aceite
3 cdas. de vino seco
½ cdita. de pimienta negra molida
4 huevos
1 taza de arroz blanco cocido
1 cdta. de sal

Preparación

Limpiar la carne. Moler y sazonar con sal y pimienta. Saltear en aceite. Añadir el vino seco y dejar reducir. Agregar la salsa criolla y cocinar durante cinco minutos más. Guarnecer con plátanos maduros fritos y un huevo frito
encima del arroz blanco moldeado, 60 g en cada ración.

Recomendación: Si quieres darle un toque especial al picadillo utiliza vegetales mixtos del sembrador, son excelentes para esta receta. Debes descongelarlos previamente y agregarlos en los minutos finales de tener listo
el picadillo.

Ropa vieja

Ingredientes

2¼ lb de falda de res
8 tazas de agua (cocción de la carne)
1 hoja de laurel
½ cdta. de pimienta negra en grano
2 g de laurel
2 cdas. de aceite
5 dientes de ajo
1 cebolla
2 pimientos medianos (verde y rojo)
4 cdas. de vino seco
2 cdas. de zumo de naranja agria

Preparación

Cocinar la carne en agua con la pimienta, el laurel y la sal hasta que ablande. Retirar, escurrir y refrescar. Extraer los pellejos y la grasa, y desechar. Separar en hebras la carne. Colocar el aceite en una sartén junto con el ajo cortado fino y llevar al fuego. Cuando esta mezcla empiece a desprender el aroma, incorporar la cebolla cortada a la juliana, cuando esta se ponga traslúcida adicionar el pimiento cortado de la misma forma. Incorporar la carne y rehogar todo junto durante cinco minutos. Adicionar la naranja agria y el vino seco. Puntear con sal.

Vaca Frita

Ingredientes

2, 2 lb de falda de res
8 tazas de caldo (cocción de la carne)
2 cdas. de aceite
5 dientes de ajo
1 cebolla grande
½ taza de zumo de naranja agria
Pimienta negra molida
1 cda. de sal

Preparación

Cocinar la carne en agua, con la pimienta en grano, el laurel y la sal. Limpiar de pellejos y grasas. Cortar en lonjas de 1, 5 cm de grosor, a favor de las fibras, de forma transversal. Colocarlas en un paño humedecido y aplastar suavemente. Majar o cortar finamente el ajo. Cortar la cebolla en rodajas y separar en anillas. Sazonar la carne con el ajo, la cebolla, el jugo de naranja agria y la sal, de 25 a 30 minutos. Poner una película de aceite en una sartén, a fuego mediano. Cuando esté caliente incorporar la carne y dorar por ambas caras. Extraer la carne. Incorporar a la sartén los ingredientes del adobo con el que fue sazonada la carne. Cocer durante tres minutos hasta que la cebolla haya marchitado. Servir la vaca frita con las cebollas y el mojo por encima. Se sugiere guarnecer con tostones y congrí.

Torrejas en almíbar

Ingredientes

½ libra de pan de flauta
1 taza de leche fluida
2 huevos
4 cdas. de vino seco
½ cda. de canela en polvo
2 tazas de aceite para freír
1 cda. de azúcar
1 cdta. de sal
Almíbar

Preparación

Eliminar las puntas del pan y cortarlo en rebanadas de 1, 5 cm de grueso. Batir los huevos. Hervir la leche. Mezclar la leche con el azúcar, la sal y el vino. Humedecer las rebanadas de pan en la leche mezclada. Espolvorear con la canela. Pasar por huevo batido. Freír en abundante aceite caliente. Escurrir sobre papel de cocina para eliminar grasa. Verter el almíbar por encima. Dejar refrescar.

Ingredientes para el almíbar

2 tazas de agua
2 tazas de azúcar morena del sembrador
4 pedacitos de canela en rama
1 cucharadita de jugo de limón
Opcionalmente anís estrellado

Preparación

Diluya el azúcar en el agua. Añada la canela en rama, el limón y el anís estrellado. Ponga todo en una cazuela al fuego medio.

Cascos de guayaba

Ingredientes

4 guayabas maduras medianas
2 tazas de agua para la cocción
¾ taza de azúcar morena del sembrador
½ cdta. de sal

Preparación

Seleccionar las guayabas maduras, pero de corteza gruesa y duras. Lavar y pelar. Aplicar un corte longitudinal a la mitad. Retirar las semillas. Colocar los cascos en un recipiente. Añadir el agua y la sal. Cocinar hasta que estén al dente. Retirar, escurrir y reservar. Añadir el azúcar al agua de cocción. Dejar reducir 20 minutos. Colocar los cascos dentro del almíbar. Dejar cocer hasta que ablanden y el almíbar tome punto. Servir los cascos de guayaba en almíbar fríos.

Yeikel Santos Pérez

(La Habana, Cuba 1987)

Más conocido por todos en Miami como el "pequeño gigante de la cocina", Yeikel es fundador del Proyecto comunitario habanero *Vida sana aire puro*. Por muchos años colaboró con el movimiento italiano *Slow Food*. Ha sido ganador de diversos premios por su participación en eventos nacionales e internacionales de cocina. Durante dos años condujo la sección "En la cocina de Yeikel", del programa juvenil *Lo tenemos en mente* del Canal Educativo de la televisión cubana. Para el Canal Habana creó el espacio de cocina "Toque Habanero", del que fue anfitrión y guionista. En este programa compartió con muchísimas figuras del arte cubano. Colaboró además con la revista *Pionero* y, por más de nueve años, escribió para la sección de cocina "A la mesa" de la revista *Somos Jóvenes*, ambas publicaciones de la Editora Abril. Con esta misma editorial sacó a la luz su primer libro para niños titulado *Coloreando frutas y vegetales*. En el programa *De Mañana*, de la emisora Radio Taíno, condujo por más de ocho años la sección "A la mesa". Asimismo, colaboró con otros programas radiales como *Pensando en ti*, de Radio Progreso. Cursó un semestre y medio en el Colegio Culinario de Morelia, Michoacán, México. Ha desarrollado diversas actividades en beneficio de los niños con cáncer y colaboró con la organización de ayuda humanitaria italiana *Semi di Pace* (Semilla de Paz). Graduado en el año 2016 en el prestigioso colegio Culinario de Miami *Le Cordon Bleu*, ha sido ganador del premio *Best in the Word* con su libro *En la cocina de Yeikel*, y obtuvo el primer lugar en la categoría de *Celebrity Chef fuera de Europa*, en los premios *Gourmand*, celebrado en la ciudad de Yantai, China, en el 2018. Ha colaborado con diferentes programas de cadenas importantes de televisión como Telemundo 51, América TV y Mega TV. Desde el año 2017 es uno de los talentos del segmento de cocina del programa "El news Café", de la cadena Univisión 23, donde todos los viernes propone tips de cocina. Atesora también otro libro, *Yeikel... con un toque habanero*, el cual, junto al resto de su obra editorial, están disponibles en Amazon y todas las librerías locales de Estados Unidos. Publicó ya su cuarto libro dedicado a la conservación de alimentos. A propósito, su título *Cocinando con Yeikel*, con diversas recetas para todos los gustos, está entre los finalistas para el *Best in the World 2021*. Abrió su compañía para generar contenido en las redes sociales sobre restaurantes y otros emprendimientos gastronómicos, culturades de bienestar y emprendimiento. Ofrece clases de cocina privadas en fiestas de niños. Hoy se ha ganado el cariño de todos por su carisma y elocuencia.

Bibliografía

http://Descubre todo sobre Cartagena de Indias | Colombia Travel

http://La gastronomía de Cartagena de indias (cartagena-indias.com)

http://Wikipedia

http://Qué comer en Cartagena | Colombia Travel

http://cartagena-indias.com/Informacion/gastronomia.html

http://Palenqueras, un símbolo de Cartagena | Donde.co

http://25 cosas que ver y hacer en Cartagena de Indias, el tesoro de Colombia (mochileandoporelmundo.com)

http://7 restaurantes donde comer en Cartagena de Indias (bien y barato) (mochileandoporelmundo.com)

http://El origen de la cocina dominicana (diariolibre.com)

https://portalexplora.com/que-hacer-ver-en-santo-domingo/

https://13 curiosidades que pocos saben sobre República Dominicana (portalexplora.com)

https://Conoce la ciudad colonial de Santo Domingo en República Dominicana (portalexplora.com)

https://Comida típica dominicana en Santo Domingo, capital gastronómica (barcelo.com)

https://Gastronomía de Santo Domingo (arecetas.com)

https://Gastronomía en México (programadestinosmexico.com)

https://sazonboricua.com/recetas/

https://www.tureceta.net/comida-puertorriquena/alcapurrias-puertorriquenas/

https://www.quericavida.com/recetas/pastelon-lasagna-de-puerto-rico/ad0960c8-f2cd-4b7d-a909-3a0f05a4d0b7

https://www.quericavida.com/recetas/lechon-al-horno-puertorriqueno/2a9b7181-5f6c-4650-b9b9-52d42040e1dd

https://Gastronomía de México - Turismo.org

https://Visit México | es | La gastronomía mexicana: orgullo y tradición (visitmexico.com)

https://La gastronomía de la Ciudad de México | México Desconocido (mexicodesconocido.com.mx)

https://CDMX: Capital gastronómica a través de la historia – El Financiero

https://Morelia. Ciudad Mexicana Patrimonio Mundial (cultura.gob.mx)

https://Tradiciones de México que todos debemos conocer | México Desconocido (mexicodesconocido.com.mx)

https://cursillosdemexico.org/la-noche-de-muertos-tradicion-y-cultura-en-mexico/

https://www.comedera.com/platos-comida-mexicana-recetas/

https://Cocineras tradicionales: en las mujeres vive la gastronomía mexicana (animalgourmet.com)

https://Las gastronomía de Puerto Rico | Consumer

https://Conoce La Gastronomía De Puerto Rico | Giant Food

https://Qué comer en Puerto Rico - Civitatis Magazine

https://37 cosas que hacer en Puerto Rico - Tips Para Tu Viaje

https://Cultura y comida en la isla de Cuba | Recetas de Cuba (cocina-cubana.com)

https://Comida Cubana (visitarcuba.org)

CASADESIGN
Furniture

BR.INSURANCE

BCS.LLCSIKA

SMILEPERFECTDENTALHEALTHCENTER

RESTAURANTERAICES

CROISSANTSDEPARISMIAMI

MAREXPERIENCES

COLEGIOCULINARIO

TASTYTABLESMIAMI

IMUSAUSA

BAKERYDELICACIES

ELSEMBRADORFOODS

VASITOGOURMET

NARANJAPINAGELATO

Made in the USA
Columbia, SC
15 June 2024

37076693R00181